Claudia Fichter

Sternstunden

Claudia Fichter

Sternstunden

Meditative Abendgottesdienste

HERDER

FREIBURG · BASEL · WIEN

www.herder.de

Umschlaggestaltung Finken & Bumiller
Titelbild: getty images / Ryan McVay

Herstellung: fgb · freiburger graphische betriebe
www.fgb.de

Gedruckt auf umweltfreundlichem,
chlorfrei gebleichtem Papier
ISBN 3-451-28030-2

Inhalt

Vorwort

Wer ersehnt nicht mitten im pastoralen Alltag – der ja oft genug von Hektik, Aktivismus und Organisationsflut geprägt ist –, wer ersehnt da nicht mitten drin ab und zu Sternstunden: Stunden, in denen Ruhe und Stille einkehren, in denen es wesentlich wird, in denen die Verbindung von Himmel und Erde, von Leben und Glaube gelingt. Stunden, in denen in einer kleinen Gemeinschaft von Menschen spürbar wird, was Leben soll, wohin es führt, wer diesem Leben Sinn zu geben vermag. Stunden, in denen Gott ein Gesicht bekommt für dich und mich, in denen er die Seele ergreift und so schnell nicht mehr loslässt.

Sternstunden – es sind Stunden, die eines Bodens der Aufmerksamkeit bedürfen, des Hinhorchens, der inneren Offenheit. Und doch sind es auch Stunden, die immer Geschenk bleiben, nicht machbar, nicht verfügbar für uns Menschen.

Solchen Sternstunden den Boden zu bereiten, soll dieses Buch helfen. Und es soll Einladung sein, sie immer wieder zu suchen und nicht müde zu werden dabei.

Die vorliegenden Entwürfe sind dem Bedürfnis einer kleinen Gruppe junger Erwachsener meiner Gemeinde entsprungen, die immer wieder einfach kommen wollten, um miteinander Gottesdienst zu feiern. So wurde die Idee der Abendgottesdienste geboren, zu denen wir bis heute etwa einmal pro Monat einladen. Junge Erwachsene waren und sind für uns eine »spannende« Zielgruppe, denn sie sind in besonderer Weise auf der Suche: nach ihrem ureigenen Lebensentwurf, nach Orientierung in einer Phase, die gesellschaftlich oft als »unfertig« abgestempelt wird, nach Gemeinschaft mit Gleichgesinnten, nach Möglichkeiten, sich selbst auf der Spur zu bleiben und eine intensive Erfahrung mit Gott zu machen. Mit ihnen neue, andere Gottesdienste zu wagen und darin das Leben mit seinen vielen Facetten zu feiern, lohnt sich und verspricht dichte Momente der Gottesbegegnung.

Die Gottesdienste leben nicht von »Massen«, die herbeiströmen, sondern von der Intensität, die eine kleinere Gruppe ermöglicht. Sie versuchen – da sie Abendgottesdienste sind – zunächst das Ende des Tages zu nutzen, um alles Erlebte einzusammeln und vor Gott zu bringen. Dann geht es darum, Raum zu eröffnen für persönliche Gedanken, für Stille und Meditation, für kreative Formen, um das eigene Leben auszudrücken. Die Gottesdienste wollen ermutigen zum Ruhigwerden, zum Hören, zum Sich-bewegen-Lassen, zum Nachdenken und Auftanken. Sie möchten den Kirchenraum nutzen und mit Musik Erfahrungsräume erschließen.

In unserer Gemeinde entstand auf diese Weise eine feste Gruppe, die jedoch immer offen ist für neue Interessierte. Die Gottesdienstzeit um 19 Uhr ermöglicht es, danach noch gemeinsam etwas zu unternehmen. So gehen Gottesdienst und erlebte Gemeinschaft zusammen.

Die Gottesdienste dieses Buches sind Wort-Gottes-Feiern. Durch leichte Änderungen im Ablauf sind die Vorschläge jedoch jederzeit auch in eine Eucharistiefeier zu integrieren. In unserem Fall ergab sich durch die beständige Zusammenarbeit mit dem Stuttgarter Jugendpfarrer P. Harald Neuberger SDB, dass wir unsere Gottesdienste meist als Eucharistiefeier abhielten.

Selbstverständlich sind die Gottesdienste für alle Altersgruppen geeignet. Voraussetzung ist lediglich, dass die Teilnehmer/innen Offenheit für neue, unkonventionelle Gottesdienstformen mitbringen.

Ich wünsche allen, die mit diesen Gottesdienstentwürfen arbeiten, dass sie einen Raum eröffnen, in dem Sternstunden anbrechen und erlebt werden.

Claudia Fichter

Praktische Hinweise

METHODEN DER THEMENERSCHLIESSUNG

Den einzelnen Gottesdiensten liegt jeweils ein bestimmtes Thema zugrunde. Die vorgeschlagenen Methoden sollen verschiedene Möglichkeiten dazu aufzeigen. Sie sind teilweise austauschbar und können je nach Gruppe variiert werden. Die nachfolgenden Hinweise sollen helfen, die jeweils richtige Methode für die eigenen Gottesdienstteilnehmer/innen herauszufinden.

Meditative Elemente

Durch einen meditativen Text, der möglicherweise mit Musik unterlegt wird, werden die Teilnehmer/innen angeregt, den eigenen Gedanken zu einem Thema nachzugehen. Der Kirchenraum kann dabei so genutzt werden, dass sich jeder in ihm einen eigenen Platz suchen kann und so eine gewisse »Privatsphäre« entsteht, bevor alle wieder in die Gruppe zurückkehren. Dadurch wird die persönliche Phase intensiver.

Da bei Abendgottesdiensten mit Müdigkeit der Teilnehmer/innen zu rechnen ist, weil sie meist einen anstrengenden Arbeitstag hinter sich haben, bieten sich solche eher entspannenden Elemente an. Hier ist niemand herausgefordert, sich selbst aktiv einzubringen, sondern jede/r kann sich in seinem/ihrem Tempo auf das Gesagte einlassen. Auch in Gruppen, deren Mitglieder noch eher unsicher und sich fremd sind, sind solche Elemente wichtig, da sie nicht so viel von den Einzelnen fordern.

Die verschiedenen Texte des jeweiligen Gottesdienstes können von mehreren Personen vorgetragen werden. Wichtig ist es, dass sie ruhig und bedächtig gelesen werden. Dann kann beim Hinhören eine Atmosphäre entstehen, die tiefgehende eigene Gedanken ermöglicht.

Das Gespräch

Grundsätzlich ist es lohnend und wünschenswert, in Gruppengottesdiensten, besonders bei kleinen Gruppen, den gegenseitigen Austausch zu fördern. Dadurch werden die eigenen Gedanken durch andere Sichtweisen bereichert, neue Erkenntnisse können aufgehen. Wichtig bei der Gesprächsleitung ist es zu spüren, wann man die Teilnehmer/innen überfordert. Nicht alle sind es gewohnt, sich »öffentlich« über persönliche Themen zu äußern. Dies gilt es zu respektieren, damit keine Atmosphäre entsteht, in der alle etwas sagen *müssen*.

Paar- oder Kleingruppengespräch

Wenn die Gruppe groß ist oder sehr zurückhaltend, hilft es oft, sie bei Gesprächen aufzuteilen. Im Kirchenraum verteilt, stören sich diese unterschiedlichen Gesprächsgruppen nicht. Vor allem, wenn die Gruppen/Paare sich selbst zusammenfinden, ist ein vertrauensvolles Gespräch gut möglich.

Schreibgespräch

Beim Schreibgespräch wird auf einem Plakat ein Thema, eine These, eine Frage o.Ä. vorgegeben. Die Teilnehmer/innen unterhalten sich nun (ohne mündliche Worte!) auf dem Plakat, indem sie alle Äußerungen aufschreiben. Auf diese Weise sind Fragen, Antworten, Thesen, Anmerkungen usw. möglich. Der Vorteil eines Schreibgesprächs ist es, dass der Dialog »verlangsamt« und damit »wesentlicher« wird. Zudem sind die Äußerungen festgehalten, sodass man später nochmals auf sie zurückgreifen kann. Auch »wortscheue« Teilnehmer/innen können sich oft gut auf ein Schreibgespräch einlassen.

Bei all diesen vertiefenden Methoden der Texterschließung gilt: Wählen Sie diejenige Methode aus, die der Gruppe am meisten entspricht. Die hier angegebenen Methoden sind nur Vorschläge und können verändert werden. Im Normalfall muss man eine Weile Verschiedenes ausprobieren, bis man weiß, was für die Gruppe gut ist.

HINWEISE ZUM KIRCHENRAUM

Wichtig ist für alle Gottesdienste die Gestaltung des Kirchenraums. Kerzen an verschiedenen Stellen, Tücher oder andere Materialien können dem Raum ein einladendes Ambiente geben. Auch Musik – möglicherweise schon während die Teilnehmer/innen die Kirche betreten – schafft eine Atmosphäre, die diese Gottesdienste von anderen abhebt und gleichzeitig zum Ruhigwerden und Nachdenken einlädt.

Wenn nur eine kleine Gruppe zum Gottesdienst zusammenkommt, ist es schön, sich im Kreis um den Altar zu setzen. In manchen Teilen der Feier erfolgt dann eine Einladung, den gesamten Kirchenraum zu nutzen, umherzugehen und sich einen neuen Platz zu suchen. So setzen sich Phasen, in denen jede/r den eigenen Gedanken nachgeht, ab von solchen, die die Gemeinschaft im Blick haben.

AUFBAU DER GOTTESDIENSTENTWÜRFE

Die Gottesdienstentwürfe beginnen jeweils mit einer Übersicht. In ihr wird die Gottesdienstidee kurz erläutert, dann der Gottesdienstablauf beschrieben. Dann folgt das benötigte Material. Außerdem werden Liedvorschläge gemacht, die zum Gottesdienstinhalt passen. Die Lieder sind aus folgenden Büchern entnommen:

UW Unterwegs. Lieder und Gebete, 2. korr. und erw. Auflage, Trier 1998, zu beziehen bei: VzF Deutsches Liturgisches Institut, Postfach 2628, 54216 Trier.

EH Erdentöne – Himmelsklang. Neue geistliche Lieder, 2. erw. Aufl. Ostildern 2001.

ZF Die Zeit färben. Neue geistliche Lieder für Chöre und Bands, Chor- und Bandbuch, München 1999.

TR Troubadour für Gott. Neue geistliche Lieder. Herausgeber: Kolping-Bildungswerk, Diözesanverband Würzburg e.V., Sedanstr. 25, 97082 Würzburg.

Nach der Gottesdienstübersicht werden dann die einzelnen Gebete, Texte, Methodenvorschläge usw. in ihrem genauen Ablauf ausführlich beschrieben. Die Anrede an die Gottesdienstteilnehmer/innen ist in Du-Form gehalten, weil dies bei jungen Erwachsenen meist so üblich ist. Alle Anweisungen für die Gottesdienstleiter/innen sind kursiv gedruckt. Die Bibeltexte sind entnommen aus der »Herder-Übersetzung«: Die Bibel. Die heilige Schrift des Alten und Neuen Bundes. Deutsche Ausgabe mit Erläuterungen der Jerusalemer Bibel, hrsg. von Diego Arenhoevel, Alfons Deissler und Anton Vögtle, Freiburg – Basel – Wien 1968.

Vom Dunkel zum Licht

Gottesdienstidee

Dieser adventliche Gottesdienst lädt zu Ruhe und Besinnung mitten im vorweihnachtlichen Trubel ein. Die Teilnehmer/innen sollen Zeit haben, sich zu vergewissern, wo sie gerade im Advent stehen. Dann soll das Thema »Vom Dunkel zum Licht« entfaltet werden. Die Verheißung, dass Gott den Menschen Licht in ihr Dunkel senden wird, indem er ein Kind auf die Welt kommen lässt, soll jede/n Einzelne/n erreichen, was immer er oder sie persönlich gerade damit verbinden mag.

Gottesdienstverlauf

Zunächst wird über eine längere Zeit die Bachkantate »Wachet auf, ruft uns die Stimme« angehört. Diese Phase ist ruhig und lädt zur Besinnung darüber ein, was jede/r gerade mit dem Advent verbindet. Ein anschließendes Gespräch darüber kann neue Impulse für alle bringen. In einem Gebet werden die Gedanken wieder gesammelt.

Danach wird eine Jesaja-Stelle (Jes 9,1–6) vorgelesen. Mit Ton werden einzelne Worte nachempfunden. Dabei kann mit großer Freiheit gestaltet werden, was die Einzelnen am Bibeltext gerade anspricht. Beim mehrmaligen Lesen der Jesaja-Stelle prägt sich der Text tief ein.

Es schließen sich freie Fürbitten an, die mit Teelichtern die Lichtsymbolik aufgreifen. Der Gottesdienst endet mit einem Gebet und dem Segen.

Material

- CD-Player und meditative Musik
- Bachkantate »Wachet auf, ruft uns die Stimme ...« (BWV 140)
- Ton (wenn er ohne Wasser geknetet wird, ist er sehr sauber zu handhaben und kann auch in einem Kirchenraum ohne weiteres verwen det werden); möglichst schon vor dem Gottesdienst faustgroße Stücke abschneiden

- Eine gestaltete Mitte aus Tüchern, auf die die Ton-Stücke gestellt werden können
- Teelichter
- Evtl. Liederbücher und Gitarre

Liedvorschläge

- Ein Licht in dir geborgen (EH 278, ZF 132)
- In der Mitte der Nacht (UW 31, EH 286, TR 467)
- Mache dich auf und werde Licht (EH 91, TR 507)
- Meine Hoffnung und meine Freude (UW 103, EH 273, TR 374)
- Wenn wir das Leben teilen (UW 47, EH 234)

1. Eröffnung und Einführung

Ich möchte euch sehr herzlich begrüßen zu unserem Gottesdienst. Mitten im Advent kommen wir zusammen, um ein wenig Ruhe zu tanken. Mitten im Stress der Vorweihnachtszeit sind wir hier, um Atem zu holen und in uns hineinzuhören. Beginnen wir unseren Gottesdienst im Namen des Vaters und des Sohnes und des Heiligen Geistes. Amen.

2. Bach-Kantate

Wachet auf, ruft uns die Stimme (BWV 140)

Der erste Choral der Bachkantate wird gemeinsam angehört. Zuvor wird darauf hingewiesen, dass dies einige Zeit dauert (ca. 7 Minuten).
Die Teilnehmer/innen können während des Hörens überlegen, mit welcher Stimmung sie hergekommen sind und wie bisher ihr Advent ausgesehen hat.

3. Gesprächsrunde

Die Teilnehmer/innen können nun in einer Gesprächsrunde erzählen, was sie im Moment mit dem Advent verbinden, wie sie ihm Gestalt geben, was sie vermissen bzw. was es braucht, um Weihnachten einen kleinen Schritt näher zu kommen. Wenn die Gruppe zu groß ist, kann sie aufgeteilt werden. Es ist auch möglich, das Gespräch als Zweiergespräch stattfinden zu lassen.

4. Gebet

advent
schon wieder advent

lichter
sterne
lieder singen
weihnachtsmarkt
geschenke kaufen
vorbereitungsstress

gott
ist platz für dich
ist platz für dich
in all dem
da dazwischen?

ist platz
um nach dem stern zu suchen
der eine verheißung hat
ist zeit
um zu fragen
wohin der weg geht
ist ruhe
zu warten

zu erwarten
zu ersehnen
dass du kommst
und licht bringst
und rat schenkst
und hoffnung entzündest?
leben ist manchmal
so dunkel und kalt
so unwirtlich und ungeplant
leben ist manchmal
noch nicht geboren
noch in wehen liegend
leben ist manchmal
so erbärmlich und klein

doch wenn wir noch warten
wenn wir noch sehnen
wenn wir nicht aufgehört haben
an die verheißung zu glauben
dann kommst du
dann kommst du wirklich
zu uns

ja komm gott
und erfülle unser leben
mit deiner gegenwart
amen

5. Bibeltext: Jes 9,1–6

Die Bibelstelle aus dem Prophetenbuch Jesaja wird laut und langsam vorgelesen.

1Das Volk, das im Finstern wandelt, schaut ein großes Licht; über denen,
die im Lande der Dunkelheit wohnen, erstrahlt ein Licht. 2Du machst
groß ihren Jubel und gewaltig ihre Freude. Sie freuen sich vor dir, wie
man sich in der Ernte freut, wie man frohlockt beim Beuteteilen.
3Denn ihr drückendes Joch, die Stange auf ihrem Nacken, den Stock des
Bedrückers zerbrichst du wie am Tage von Midian.
4Denn jeder Soldatenstiefel, der dröhnend auftritt, und jeder Mantel,
der in Blut gewälzt, wird verbrannt und eine Speise des Feuers.
5Denn ein Kind ist uns geboren, ein Sohn ist uns geschenkt; die Herr-
schaft ruht auf seinen Schultern. Man nennt seinen Namen: Wunder-
rat, starker Gott, Ewigvater, Friedensfürst. 6Groß ist die Herrschaft und
endlos der Friede für Davids Thron und sein Königreich, das er auf-
richtet und festigt in Recht und Gerechtigkeit. Von nun an bis in Ewigkeit
wird die eifersüchtige Liebe Jahwes Zebaots solches tun.

6. Bibelwort tonen

Nachdem die Bibelstelle vorgetragen wurde, erhalten die Teilnehmer/innen ein faustgroßes Stück Ton. Während die Perikope nochmals vorgelesen wird, sucht sich jede/r ein Wort aus, das er/sie mit dem Stück Ton verdeutlichen möchte. In einer stillen Phase (im Hintergrund läuft leise Musik, eventuell nochmals ein Stück aus der Bach-Kantate) kneten alle ihren Ton und formen daraus ein Symbol für ihr Wort. Dafür muss genügend Zeit gelassen werden. Anschließend wird der Bibeltext wieder vorgelesen. Alle stehen dazu im Kreis. Beim jeweiligen Wort legt der-/diejenige, der/die das Wort getont hat, dieses Symbol vor sich auf die Tücher der gestalteten Mitte. Dazu wird der Text kurz unterbrochen. So legen nach und nach alle Teilnehmer/innen beim jeweiligen Stichwort des Jesajatextes ihr Symbol aus Ton in die Mitte.

Es ist sogar möglich, dass dann der jeweilige Abschnitt nochmals von vorne gelesen wird, was das genaue Hinhören auf den Text sehr intensiviert, diese Phase aber auch verlängert. Wenn der Jesajatext zu Ende gelesen ist und alle Symbole im Kreis auf dem Boden liegen, setzen sich alle wieder hin.

7. Fürbitten

Jede/r bekommt ein Teelicht. Er/sie kann es anzünden und in den Kreis auf ein Tuch stellen. Dabei ist es möglich, eine Fürbitte laut auszusprechen oder nur leise für sich zu beten.

8. Vaterunser

Wir fassen nun im »Vaterunser« alle Bitten zusammen, die ausgesprochenen und die, die wir in unserem Herzen bewegen.
Vater unser im Himmel …

9. Gebet

komm gott
komm in unser dunkel hinein
in unsere schwarze nacht
in unser fragendes herz
in unseren zweifelnden sinn

komm gott
komm
mit licht und farbe
mit mut und tatkraft
mit sinn und neuer hoffnung

komm gott
und schenke uns
neues leben
amen

10. Segen

Gottes Angesicht leuchte
über dir und mir
über allen
die wir lieben
über Freunden und Feinden
über allen Völkern der Erde
heute
und an jedem Tag

So segne uns
Gott der Vater
und der Sohn
und der Heilige Geist

Vom Dunkel zum Licht

Ich bin die Tür – an der Schwelle in ein neues Jahr

Gottesdienstidee

Dieser Gottesdienst ist gedacht für den Beginn eines neuen Jahres. Der Jahreswechsel ist eine Schwelle, die zurückblicken und nach vorne schauen lässt. Wie war das alte Jahr? Wofür bin ich dankbar? Was erwartet mich im neuen? Worauf freue ich mich, wovor habe ich Angst? Der Gottesdienst möchte die Teilnehmer/innen ermutigen, sich mithilfe des Symbols »Tür« eigene Gedanken zum vergangenen und zum kommenden Jahr zu machen. Die Zusage Jesu »Ich bin die Tür« (Joh 10,7) kann uns Vertrauen schenken, dass er mit uns über die Schwelle des neuen Jahres geht und Segen bereithält für alles, was kommt.

Gottesdienstverlauf

Nach einer kurzen Einführung werden in einem meditativen Gebet der vergangene Tag, vor allem aber das vergangene Jahr bewusst noch einmal hergeholt. Eine Vertiefung erfolgt in einer Phantasiereise, die die Teilnehmer/innen in eine phantastische Welt entführt, in der Vergangenheit und Zukunft lebendig werden können.

Die Bibelstelle aus dem Johannesevangelium soll helfen, den Jahreswechsel als einen von Gott begleiteten Übergang zu erfahren. Gott selbst ist die Tür, durch die wir schreiten, indem wir Altes zurücklassen und Neues beginnen. Bei einem meditativen Gang durch die Kirche haben alle Gelegenheit, Dank für Vergangenes und Hoffnungen, aber auch Ängste bezüglich des Kommenden aufzuschreiben. Die Zettel werden auf Plakaten an den verschiedenen Kirchentüren angebracht.

Den Abschluss des Gottesdienstes bilden ein gemeinsam gebeteter Psalm, ein Gebet und der Segen.

Material

- CD-Player und meditative Musik
- Decken oder Isomatten
- Plakate an den Kirchentüren mit den Überschriften »Dank«, »Hoffnungen«, »Befürchtungen«; jeweils dabei in einem Körbchen Zettel, Stifte und Klebeband
- Psalmtext (Gotteslob)
- Evtl. Liederbücher und Gitarre

Liedvorschläge

- Gott, segne uns (Kanon) (ZF 134)
- Meine Zeit steht in deinen Händen (EH 121, TR 759)
- Sei behütet Tag und Nacht (ZF 144)
- Von guten Mächten treu und still umgeben (UW 101, EH 123, TR 717)
- Zeige uns den Weg (UW 84)

1. Einführung und Eröffnung

Wir haben gerade ein neues Jahr begonnen. Noch wissen wir nicht, was es bringen wird.

An Silvester haben wir zurückgeschaut: Wie war das alte Jahr? Was hat es gebracht an Gutem, an Schwerem? Und wir haben in die Zukunft geblickt: Was wird geschehen in diesem vor uns liegenden Jahr?

Beides ist gut: Noch einmal zurückschauen und bedenken, was vielleicht noch gar nicht abgeschlossen ist für uns. Und dann den Blick nach vorne richten. Für beides soll in diesem Gottesdienst Platz sein. Fangen wir gemeinsam an im Namen des guten Gottes, des Vaters und des Sohnes und des Heiligen Geistes. Amen.

2. Gebet

Gott
ich komme hierher
ich komme hierher mit meinem langen Tag
viel getan
viel geredet und viel nachgedacht
wenig ausgeruht und wenig Kraft geschöpft
wenig an dich gedacht
Gott
ich komme hierher
ich komme hierher mit einem ganzen Jahr
viel gearbeitet
viele Menschen gesehen
Pläne geschmiedet
Erfahrungen gemacht
schöne und schmerzliche
gute und schlechte
viel gewollt
wenig erreicht
manches erlitten
anderes geschafft
ich bin stolz und froh
erledigt und müde

Gott
hattest du Platz
in all dem
hast du mitgelebt und mitgelitten
hast du mich festgehalten
was auch kam?

Gott
jetzt bin ich da vor dir
jetzt halte ich ein
und bringe dir

alles was mich bewegt
alle Erinnerungen
alle Hoffnungen und Träume
alle Sorgen und Mühen
mein ganzes Leben
halte du mich fest
in deiner starken Hand
amen

3. Phantasiereise

Die Teilnehmer/innen werden gebeten, es sich bequem zu machen. Am besten legen sie sich auf bereitgelegte Decken. Sie werden eingeladen, sich auf eine Phantasiereise zu begeben. Im Hintergrund wird leise meditative Musik gespielt.
Der Text wird sehr ruhig vorgelesen. Pausen zwischen den Sätzen oder Abschnitten geben Zeit, die Gedanken langsam mitwandern zu lassen.

Mach es dir ganz bequem. Entspanne dich. Lass jeden Muskel deines Körpers ganz los. Deine Beine werden schwer und liegen auf dem Boden auf. Auch deine Arme sind fest mit dem Boden verbunden. Dein Becken wird schwer, alle Verspannungen lösen sich. Dein Kopf wird nicht mehr vom Halswirbel festgehalten. Er ruht locker auf der Decke.
Du hörst auf deinen Atem, wie er kommt und wieder geht. Wie er kommt und wieder geht. Du bist ganz ruhig und entspannt.

Nun stell dir vor, dass du einen großen Palast betrittst. Er ist größer als ein normales Haus. Und er ist prächtig ausgestattet. In der riesigen Empfangshalle siehst du schöne Tapeten an den Wänden. Der Fußboden ist mit dicken Teppichen ausgelegt. An der Decke sind Kristallleuchter angebracht, auf denen 100 Kerzen brennen.

Während du dich noch staunend umsiehst, beginnt sich einer der Teppiche vor dir zu bewegen. Er flattert und hebt sich empor in die Luft. Direkt vor dir bleibt er stehen, eine Handbreit über dem Boden schwebend, herausfordernd und einladend. Zögernd und gespannt hebst du deinen Fuß und setzt ihn auf den Teppich. Er hält dein Gewicht aus. Du stellst dich mit beiden Füßen auf ihn, und er beginnt sanft mit dir davonzuschweben.

Ihr fliegt in den nächsten angrenzenden Raum, einen großen Festsaal. An den Wänden siehst du viele Bilder, und du erkennst, dass es Bilder aus deinem Leben sind. Einzelne Szenen aus dem vergangenen Jahr sind zu sehen. – *Pause* – Du siehst ein Bild, auf dem du mit deinen Freunden zusammen bist. – *Pause* – Ein Bild, das dich bei der Arbeit zeigt. – *Pause* – Bilder von deiner Familie. – *Pause* – Freudige Augenblicke sind festgehalten und schmerzliche. Du lässt deinen Blick ganz langsam über die Bildergalerie wandern und denkst an dieses letzte Jahr zurück, in dem du so vieles erlebt hast. – *Pause* –

Schließlich schwebt der Teppich weiter. Am Ende des Raumes siehst du eine Tür. Der Teppich fliegt langsam auf sie zu. Die Tür ist prächtig. Sie ist mit Gold und Edelsteinen verziert. Ein Messingtürklopfer lädt ein anzuklopfen. Die Tür sieht schwer aus, als könnte man sie alleine nicht öffnen. Was wohl hinter ihr wartet? Ob du sie alleine aufbekommst?

Du überlegst einen Moment. Doch bevor du etwas tun kannst, öffnet sie sich von alleine, und du siehst den Raum dahinter. Du fliegst auf dem Teppich ganz sacht hinein. Der Raum ist weiß, ganz hell. Der einzige Schmuck an den Wänden sind drei Spiegel. Über ihnen stehen Worte. Der Teppich fliegt an den Spiegeln vorüber. Du erhaschst einen Blick in sie. Du siehst verschwommen deinen eigenen Umriss und den Umriss einer Szene, die du noch nicht erlebt hast. Langsam begreifst du, dass du in dein neues Jahr vorauszublicken versuchst. Du siehst in einen Spiegel, über dem das Wort »Hoffnung« steht. Was kannst du darin sehen? Was hoffst du zu erleben?

Dann kommt ein Spiegel mit der Überschrift »Angst«. Auch in diesem Spiegel kannst du dich erkennen. Du siehst all das, von dem du befürchtest, dass es in diesem neuen Jahr geschieht.

Der letzte Spiegel hat die Überschrift »Zukunft«. Du bemerkst, dass es gar kein Spiegel ist, sondern eine Öffnung in der Wand. Der Teppich fliegt auf sie zu. Du bekommst Angst und ziehst deinen Kopf ein. Dann wirst du von der Öffnung verschlungen. Es ist dunkel um dich. Du fällst, aber immer noch spürst du den Teppich unter dir. Er trägt dich ins

Unbekannte hinein. Du hast die Augen fest verschlossen. Irgendwann landet der Teppich unter dir weich auf einem Boden. Durch die Augenlider siehst du Licht.

Du bist angekommen. Du öffnest deine Augen ganz langsam. Du bist in der Kirche gelandet. Du schaust um dich, siehst den weiten Kirchenraum. Der Teppich unter dir ist in Wirklichkeit eine Decke. Langsam bewegst du deine Finger und Hände. Du streckst dich und gähnst. Dann stehst du ganz sachte wieder auf und kehrst zu deinem Platz zurück.

Wenn alle Teilnehmer/innen wieder auf ihrem ursprünglichen Platz angekommen sind, wird der Gottesdienst fortgesetzt.

4. Evangelium: Joh 10,7a.9–10

Wir stehen an der Schwelle eines neuen Jahres. Diese Schwelle ist wie eine Tür. Wir wissen noch nicht, was uns hinter ihr erwartet. Wir wissen noch nicht, wie das neue Jahr für uns ganz persönlich sein wird. Aber wie in der Phantasiereise gibt es Bilder in uns. Wir haben Hoffnungen, was das neue Jahr uns bringen könnte. Und wir haben Ängste, Befürchtungen. Mitten da hinein sagt Jesus heute zu uns: »Ich bin die Tür.« Er selbst gebraucht dieses Bild, um deutlich zu machen, dass jede Schwelle durch ihn hindurchführt, dass jeder Übergang unseres Lebens von ihm begleitet ist.

»Ich bin die Tür.« Diese Zusage hören wir nun in einem Abschnitt aus dem Johannesevangelium:

7Da sprach Jesus wiederum: »Wahrlich, wahrlich, ich sage euch: 9Ich
bin die Tür. Wer durch mich hineingeht, wird gerettet werden, und er
wird ein- und ausgehen und Weide finden. 10Der Dieb kommt nur,
um zu stehlen und zu töten und zu verderben. Ich bin gekommen,
damit sie Leben haben und es in Fülle haben.«

5. Meditativer Gang durch die Kirche

Es läuft wieder meditative Musik. Die Teilnehmer/innen gehen nun durch die Kirche und schauen sich alle Türen an, die es in der Kirche gibt; sie können sie (soweit möglich) auf- und zumachen. Sie sollen sich Gedanken machen, welche Gefühle für sie mit der Schwelle zum neuen Jahr verbunden sind.
An eine Tür geheftet ist ein Plakat mit der Überschrift »Dank«. Die Teilnehmer/innen können auf Zetteln aufschreiben, für welche Erlebnisse und Erfahrungen des vergangenen Jahres sie Gott danken möchten, und die Zettel dann auf das Plakat kleben.
An einer anderen Tür hängt ein Plakat mit der Überschrift »Hoffnungen«. Hier kann aufgeschrieben werden, welche Hoffnungen jede/r in sich trägt, wenn er/sie an das kommende Jahr denkt.
An einer dritten Tür klebt ein Plakat mit der Überschrift »Befürchtungen«. Hier können Ängste und Sorgen bezüglich des neuen Jahres aufgeschrieben werden.
Nach einiger Zeit wird die Musik ausgestellt. Alle kommen wieder auf ihre Plätze zurück.

6. Psalm

Der Psalm 18 (Gotteslob Nr. 712) wird gemeinsam gebetet.

7. Gebet und Segen

Gott
du bist die Tür
in ein neues Jahr
du bist die Tür
in eine gesegnete Zukunft
denn du begleitest jeden Weg
den ich gehe
du führst mich in neue Gefilde
und verlässt mich nicht
was auch kommt
mit dir kann ich gehen
in Hoffnung
und Frieden

Und so segne uns
der gute und treue Gott
der Vater und der Sohn und der Heilige Geist
Amen

Heil werden

Gottesdienstidee

Dieser Gottesdienst ist dazu geeignet, in der österlichen Bußzeit das eigene Leben zu überdenken. Er kann aber auch in jeder anderen Zeit des Jahres gefeiert werden.
Der Gottesdienst greift die Erzählung des Kranken von Betesda auf. Sie kann anregen, über eigene »Ge-brechen«, also über das, was in unserem Leben zerbrochen ist, nachzudenken. Das Symbol der Scherbe kann dies verdeutlichen.

Gottesdienstverlauf

Der Gottesdienst beginnt mit einer Scherbenmeditation. Jede/r bekommt dazu eine Scherbe in die Hand. Danach erzählt das Evangelium vom Kranken von Betesda, der auf Jesu Wort hin gesund wird. In einem Bibelgespräch, das in mehrere Schritte aufgeteilt ist, tauscht sich die Gruppe darüber aus, was sie mit dieser einprägsamen Erzählung verbindet.
Die Fürbitten werden auf die Scherben geschrieben. So wird sichtbar, was wir Gott anvertrauen, damit er es heil und ganz macht.
Das Vaterunser wird nicht gemeinsam gebetet, sondern gehört. Auf jeden Satz hin folgt eine Zwischenzeile, die das Gehörte verdeutlicht und ergänzt.
Der Gottesdienst endet mit einem Gebet und dem Segen.

Material

- Körbchen mit Scherben (von Porzellanteller o.Ä.)
- Edding-Stifte
- Zettel mit Bibeltext, Stifte
- CD-Player und meditative Musik
- Evtl. Liederbücher und Gitarre

Liedvorschläge

- Herr, erbarme dich (UW 159, EH 5, TR 106)
- Kennst du das alte Lied (UW 89, EH 90, TR 681)
- Meine engen Grenzen (UW 93, EH 147. TR 115)
- Suchen und fragen (UW 43, EH 152, TR 171)
- Suchende sind wir (EH 23)

1. Eröffnung und Einführung

Ich darf euch herzlich zu unserem Gottesdienst begrüßen. Beginnen wir im Namen des Vaters und des Sohnes und des Heiligen Geistes. Amen.

»Heil werden«, so heißt das Motto dieses Gottesdienstes. Wir hören von einem Kranken, der durch Jesus geheilt wird. Und wir können nachdenken über unser eigenes Leben. Vielleicht sind auch wir manchmal krank, unheil, verwundet, verletzt. Und vielleicht brauchen auch wir einen, der zu uns sagt: Steh auf, ich mache dich und dein ganzes Leben gesund. Dieser Zusage Gottes wollen wir heute nachgehen.

2. Scherben-Meditation

Alle bekommen eine Scherbe, die sie in der Hand halten; leise Musik wird gespielt.

Scherben.
Etwas ist kaputt.
Etwas ist zerbrochen.
Etwas ist nicht mehr ganz.

Scherben.
Mein Leben.
Manchmal ein Scherbenhaufen.
Die Beziehung – zerbrochen.
Die Hoffnung – zerplatzt.
Die Freude – zerstört.
Das Vertrauen – betrogen.
Die Liebe – enttäuscht.
Die Freundschaft – beendet.
Die Perspektive – begraben.

Scherben.
Sie tun weh.
Sie zeigen,
wie bruchstückhaft unser Leben ist.
Manchmal sind wir schuld.
Manchmal nicht.

Scherben.
Gott,
machst du es wieder ganz?
Gott,
machst du uns in unserem Inneren
wieder heil?

Im Anschluss an diese Scherbenmeditation kann ein Kyrie gesungen werden, z.B. »Herr, erbarme dich ...« oder »Meine engen Grenzen ...« (s.o.).

3. Evangelium: Joh 5,1–9

Alle bekommen den Text des Evangeliums zum Mitlesen ausgeteilt. Eine/r liest laut vor.

1Hierauf war ein Fest der Juden. Und Jesus zog nach Jerusalem hinauf.
2Nun befindet sich in Jerusalem am Schafteich die (Anlage), die auf
Hebräisch Betesda heißt, mit fünf Säulenhallen. 3In diesen lag eine Men-
ge von Kranken: Blinde, Lahme, an Auszehrung Leidende, die auf die
Bewegung des Wassers warteten. 4Es stieg aber ein Engel des Herrn von
Zeit zu Zeit in den Teich hinab und brachte das Wasser in Wallung. Wer
nun zuerst hineinstieg nach der Wallung des Wassers, der wurde gesund,
von was für einer Krankheit er auch befallen war. 5Dort befand sich aber
ein Mann, der schon achtunddreißig Jahre an seiner Krankheit litt. 6Als
Jesus diesen daliegen sah und erfuhr, dass er schon lange krank sei, sagt
er zu ihm: »Willst du gesund werden?« 7Der Kranke antwortete ihm:
»Herr, ich habe keinen Menschen, um mich, sobald das Wasser in Wal-
lung gerät, in den Teich zu bringen. Während ich aber hinkomme, steigt
schon ein anderer vor mir hinab.« 8Jesus sagt zu ihm: »Steh auf, nimm
dein Bett und geh umher.« 9Und sofort wurde der Mann gesund. Und er
nahm sein Bett und ging umher.

4. Bibelgespräch (in drei Schritten)

Nachdem das Evangelium vorgelesen wurde, unterstreicht jede/r in einer kurzen stillen Phase die Wörter oder Sätze, die ihm/ihr besonders aufgefallen sind bzw. an denen er/sie hängen geblieben ist.
In der zweiten Phase sind alle eingeladen, diese Worte in die Stille hinein zu sprechen.
Die dritte Phase bildet das eigentliche Gespräch über den Bibeltext. Folgende Fragen können hilfreich sein:

- Welche spontanen Gedanken kommen uns, wenn wir den Text hören?
- Was gefällt uns, was befremdet?
- Woran leidet der Kranke?
- Wie reagiert Jesus?
- Was braucht der Mann, um heil werden zu können?
- Kennen wir übertragbare Situationen?
- Was hilft uns in ihnen?

Bei diesem Bibelgespräch ist es wichtig, dass die Äußerungen der Teilnehmer/ innen nicht kommentiert werden. Jede Aussage ist richtig. Denn es geht nicht um eine theologische Diskussion, sondern darum, wie jede/r Einzelne diese Bibelstelle hört und auf das eigene Leben beziehen kann.
Der Bibeltext wird zum Abschluss nochmals vorgelesen.

5. Fürbitten

In diesem Gottesdienst werden die Fürbitten aufgeschrieben. Jede/r schreibt mit einem Edding-Stift eine Bitte auf seine Scherbe.
Dann legen alle ihre Scherbe nacheinander auf den Altar oder in die gestaltete Kreismitte.
Die Bitten können dabei auch vorgelesen werden. Wenn dies der Fall ist, wird ein Fürbittruf gesprochen (z.B. »Wir bitten dich, erhöre uns«).

6. Vaterunser

Das Vaterunser wird nicht gemeinsam laut gebetet, sondern »gehört«. Dabei gibt es zu den einzelnen Bitten Zwischenzeilen.

Vater unser im Himmel
    väterlicher und mütterlicher Gott
geheiligt werde dein Name
    und dein Wunsch, dass wir Menschen
    glücklich leben können
dein Reich komme
    dein Friede ohne Ende, den wir so sehr ersehnen
dein Wille geschehe
    nicht unser eigener
wie im Himmel so auf Erden

unser tägliches Brot gib uns heute
    und durch uns allen, die es entbehren
und vergib uns unsere Schuld
    wenn wir Scherben angerichtet haben bei anderen
wie auch wir vergeben unseren Schuldigern
    die auch nur Menschen sind mit Fehlern wie wir
und führe uns nicht in Versuchung
    in den immer gleichen Mustern zu leben
sondern erlöse uns von dem Bösen
    und von allem, was uns am Leben hindert

denn dein ist das Reich
    des Lebens in Fülle
und die Kraft
    dieses Leben zu schaffen
und die Herrlichkeit
    ohne Ende bis
in Ewigkeit.
Amen.

7. Gebet und Segen

In deine Hände lege ich
meine unruhigen Gedanken
meine wirren Gefühle
mein Leben

In deinen Schoß lege ich
meinen müden Kopf
die Früchte meines Tuns
meine Sorgen

Unter deinen Mantel lege ich
meinen schutzlosen Leib
meine verwundete Seele
meinen angefochtenen Geist

In deine Hände lege ich
meine Freunde
meine Feinde
mein Leben

Anton Rotzetter

So segne uns
Gott der Vater, der Sohn und der Heilige Geist.
Amen.

GOTTESDIENST 4

Mit den Emmausjüngern unterwegs

Gottesdienstidee

In diesem Gottesdienst soll die Emmauserzählung (Lk 24) als roter Faden dienen. Sie wird in Abschnitten vorgelesen und dann auf die Teilnehmer/innen übertragen. So wird die Möglichkeit gegeben, in einzelnen Schritten die heilsame Erfahrung nachzuvollziehen, die die Jünger mit Jesus auf ihrem Emmausgang gemacht haben.
Konkret: Aus dem Erzählen der eigenen Erlebnisse und dem Austausch darüber erwächst für die Teilnehmer/innen die Erfahrung, dass Jesus in unserer Mitte ist, unser Leben annimmt und dadurch verwandelt. Dies wird in einer Agape gefeiert.
Noch angemessener ist es, wenn der Gottesdienst in eine Eucharistiefeier mündet. Durch geringfügige Änderungen im Ablauf ist dies gut möglich. Beim Teilen von Brot und Wein ist Jesus gegenwärtig. Dies kann – wie bei den Emmausjüngern – auch bei uns das Leben verändern, weil wir es in einem neuen Licht sehen können.

Gottesdienstverlauf

Alle versammeln sich am Eingang bzw.am Taufstein. Dort wird der erste Abschnitt der Emmauserzählung vorgelesen. Jede/r darf sich anschließend eines der Symbole aussuchen, die auf dem Taufstein oder einem kleinen Tisch verteilt ausliegen. Das Symbol soll ausdrücken, was ihn/sie gerade beschäftigt und bewegt.
Dann wird der zweite Teil des Evangeliums gelesen. Die Teilnehmer/ innen tun sich zu zweit zusammen und erzählen sich gegenseitig, während sie durch den Kirchenraum gehen, was sie mit ihrem Symbol verbinden. Dann tauschen sie sich darüber aus, was ihnen die Erzählung von Emmaus für ihr Leben sagen kann. Damit tun sie Ähnliches, wie die Jünger damals:
Sie haben das eigene Leben angeschaut und im Licht der Heiligen Schrift gedeutet.

Der dritte Teil der Emmausgeschichte wird im Altarraum vorgelesen. Zuvor stellen sich alle Teilnehmer/innen ihre Symbole gegenseitig vor. Dann teilen die Feiernden (Fladen-)Brot und Traubensaft in Erinnerung an die Jünger damals.
Alternativ kann eine Eucharistiefeier folgen, was zur Emmausgeschichte gut passen würde. Wenn dies möglich ist, werden die Symbole auf den Altar gelegt als Zeichen, was jede/r Gott zur Ver-wandlung anvertrauen möchte. Dann wird miteinander Eucharistie gefeiert.
Der Gottesdienst endet mit einem Gebet und dem Segen.

Material

- Verschiedenste Symbole (Gegenstände aus dem Alltag, z.B. Taschentücher, Hammer, Feuerzeug, Kerze, Stein, Puppe ...); die Symbole werden am Taufstein ausgelegt
- CD-Player und meditative Musik
- Stühle und Tisch, darauf (Fladen-)Brot und Traubensaft (und Gläser) für eine Agape-Feier bzw. für eine Eucharistiefeier Hostien und Wein, die auf dem Altar bereitstehen,
- Evtl. Liederbücher und Gitarre

Liedvorschläge

- Herr, wir bringen in Brot und Wein (UW 178, EH 32, TR 213)
- Wenn das Brot, das wir teilen (UW 130, EH 154, TR 193)
- Wenn wir das Leben teilen wie das täglich Brot (UW 47, EH 234)
- Wo zwei oder drei (UW 129, EH 87, TR 95)

1. Eröffnung und Einführung

Die Gottesdienstteilnehmer/innen werden am Eingang bzw. Taufstein der Kirche empfangen. Dort sind verschiedenste Symbole aus dem Alltag aufgestellt (s.o.).

Beginnen wir im Namen des lebendigen Gottes, im Namen des Vaters und des Sohnes und des Heiligen Geistes. Amen.

Heute möchte ich euch schon am Eingang (bzw. Taufstein) unserer Kirche begrüßen. Denn wir werden im heutigen Gottesdienst einen Weg zurücklegen, zusammen mit den beiden Emmausjüngern. Sie werden uns Schritt für Schritt führen und begleiten.

Lukas erzählt in der Emmausgeschichte, wie die beiden Jünger nach dem Tod Jesu verwirrt von Jerusalem weggingen. Den ersten Abschnitt dieser Erzählung hören wir jetzt.

2. Evangelium (Teil 1): Lk 24,13–24

Verschiedene Sprecher/innen lesen jeweils Teil 1, 2 und 3 des Evangeliums vor.

[13]Und siehe, zwei von ihnen, gingen am selben Tage nach einem Dorf
namens Emmaus, das sechzig Stadien von Jerusalem entfernt ist. [14]Sie
sprachen miteinander über all das, was sich zugetragen hatte. [15]Und es
begab sich, während sie miteinander sprachen und überlegten, nahte
sich Jesus selbst und ging mit ihnen. [16]Ihre Augen aber waren gehalten,
sodass sie ihn nicht erkannten. [17]Er aber sprach zu ihnen: »Was sind das
für Reden, die ihr da auf dem Wege miteinander führt?« Da blieben sie
traurig stehen. [18]Einer aber von ihnen namens Kleopas antwortete ihm:
»Bist du der Einzige, der in Jerusalem weilt und nicht weiß, was dort in
diesen Tagen geschehen ist?« [19]Und er sprach zu ihnen: »Was denn?« Sie
antworteten ihm: »Das mit Jesus von Nazaret, der ein Prophet war,
mächtig in Tat und Wort vor Gott und vor dem ganzen Volke, [20]und wie
ihn unsere Hohenpriester und Ratsherren zur Todesstrafe überliefert
und ihn gekreuzigt haben. [21]Wir aber hofften, dass er es sei, der Israel

erlösen werde. Und nun ist zu alledem heute schon der dritte Tag, seit
dies geschehen ist. 22Aber auch einige Frauen aus unserer Mitte haben
uns in Bestürzung versetzt. Vor Tagesanbruch waren sie beim Grabe
23und fanden seinen Leib nicht; sie kamen und erzählten, sie hätten auch
eine Erscheinung von Engeln gehabt, die sagten, er lebe. 24Und einige
von den Unsern gingen zum Grabe und fanden es so, wie die Frauen
gesagt; ihn selbst aber haben sie nicht gesehen.«

3. Symbol aussuchen

Nach dem Tod Jesu waren die Emmausjünger verwirrt und enttäuscht. Sie dachten, dass alles aus sei und sich ihre Hoffnungen zerschlagen hätten. Vielleicht sind auch wir gerade nicht einverstanden mit unserem Leben. Vielleicht gibt es auch bei uns einiges, was nicht klar ist, was uns verwirrt und ratlos sein lässt.

Vor euch stehen einige Symbole. Eines von ihnen dürft ihr euch nun aussuchen. Es soll zu eurer momentanen Stimmung passen und ausdrücken, mit was ihr heute Abend hierher kommt, was euch gerade beschäftigt.

Alle suchen sich ein Symbol aus. Dazu muss genügend Zeit gelassen werden.

4. Evangelium (Teil 2): Lk 24,25–27

Wir hören nun, was Jesus den Emmausjüngern auf ihre Ratlosigkeit hin antwortete:
25Da sprach er zu ihnen: »O ihr Unverständigen, wie träge ist euer Herz,
an all das zu glauben, was die Propheten gesprochen haben! 26Musste
nicht der Messias dieses leiden und so in seine Herrlichkeit eingehen?«
27Und er begann mit Mose und allen Propheten und legte ihnen in allen
Schriften aus, was sich auf ihn bezieht.

5. Zweiergespräch

Wie die Emmausjünger sich Jesus mitteilen, so wollen auch wir uns nun von dem, was uns gerade beschäftigt, gegenseitig erzählen. Dazu sollten sich jeweils zwei zusammenfinden und sich gemeinsam auf einen Weg durch die Kirche begeben. Beim Gehen könnt ihr euch gegenseitig erzählen, was ihr mit eurem Symbol verbindet. Anschließend könnt ihr darüber reden, was euch beim bisher gehörten Teil der Emmausgeschichte besonders anspricht. Folgende Fragen könnten für das Gespräch hilfreich sein:

- Was bedeutet mein Symbol?
- Was beschäftigt mich gerade?
- Was sagt mir die Emmausgeschichte?
- Was berührt mich an ihr?
- Wo bin ich in der Geschichte?

Es sollte für das Zweiergespräch eine Zeit vereinbart werden, z.B. für jede/n Gesprächspartner/in 10 Minuten, damit beide zum Zug kommen. Während dieser Phase läuft im Hintergrund leise Musik. Danach treffen sich alle vorne in der Kirche und stellen sich um den dort aufgestellten Tisch. Auf ihm sind schon (Fladen-)Brot und Traubensaft bereitgestellt. Wenn statt der Agape Eucharistie gefeiert wird, versammeln sich alle um den Altar, auf dem Brot und Wein bereitstehen.

6. Symbole einander vorstellen

Alle legen nacheinander ihr Symbol auf den Tisch bzw. Altar. Jede/r darf dazu kurz sagen, was er/sie mit dem Symbol verbindet.
Dann wird der dritte Teil des Evangeliums vorgelesen.

7. Evangelium (Teil 3): Lk 24,28–35

28 Als sie sich dem Dorfe näherten, wohin sie gingen, tat er, als wolle er
weitergehen. 29 Da nötigten sie ihn und sprachen: »Bleibe bei uns, denn
es will Abend werden, und der Tag hat sich schon geneigt.« Und er ging
hinein, um bei ihnen zu bleiben. 30 Und es geschah, als er mit ihnen zu
Tische war, nahm er das Brot, sprach das Segensgebet, brach und gab es
ihnen. 31 Da wurden ihnen die Augen aufgetan, und sie erkannten ihn;
er aber entschwand vor ihnen. 32 Da sprachen sie zueinander: »Brannte
nicht unser Herz in uns, als er auf dem Wege mit uns redete und uns die
Schriften aufschloss?«

33 Und sie brachen in derselben Stunde auf und kehrten nach Jeru-
salem zurück. Dort fanden sie die Elf und ihre Gefährten versammelt,
34 die sagten: »Wahrhaftig, der Herr ist auferweckt worden und dem
Simon erschienen!« 35 Und sie selbst erzählten, was auf dem Wege gesche-
hen war und wie sie ihn beim Brotbrechen erkannten.

8. Agapefeier

Die Emmausjünger haben sich von ihren Erfahrungen und Lebenszweifeln gegenseitig erzählt. Das haben auch wir heute getan, vorhin beim Gehen durch die Kirche. Manchmal versteht man schon beim Erzählen besser, was man fühlt und wie es weitergehen kann.

Jesus hat den Jüngern dann mithilfe der Heiligen Schrift vieles erschließen können. Und vielleicht hat auch uns heute Abend die biblische Erzählung etwas Neues aufgeschlossen, vielleicht hat sie auch uns getröstet oder Mut gemacht.

Und schließlich kam der entscheidende Augenblick für die beiden Jünger: das Brechen des Brotes. In diesem Moment haben sie begriffen, dass alles ganz anders ist, als sie dachten. Sie haben gespürt: Jesus lebt, und er ist so unendlich nahe, dass alle Sorgen vergessen sind. Auch wir wollen nun gemeinsam das Brot brechen. Wir wollen es teilen und dabei an Jesus denken, der uns ganz nahe ist in jeder Situation, die wir gerade erleben.

Gemeinsam feiern die Teilnehmer/innen nun Agape. Sie teilen in Erinnerung an die Emmausjünger das (Fladen-)Brot, essen es und trinken dazu den Traubensaft. Um sich dafür Zeit lassen zu können, sollten Stühle um den Tisch bereitstehen.

Alternativ: Eucharistiefeier

Beim Emmausgottesdienst ist es schön, wenn eine Eucharistiefeier möglich ist. Denn in der Eucharistie wird Jesus beim Brechen des Brotes in besonderer Weise gegenwärtig – so wie damals bei den Jüngern. Und in ihr könnte in besonderem Maße zur Erinnerung kommen, dass Gott wie bei den Emmausjüngern Verwandlung geschehen lässt: an den Gaben von Brot und Wein, aber auch an unserem Leben, das wir ihm bringen.
Wenn Eucharistie gefeiert wird, muss der Ablauf des Gottesdienstes entsprechend angepasst werden. Gut ist es, die Kommunion unter beiderlei Gestalten anzubieten.

9. Gebet und Segen

Bleibe bei uns Gott
wenn es Nacht wird
wenn die Angst uns lähmt
wenn wir einsam sind

Bleibe bei uns Gott
wenn Fragen quälen
wenn Hoffnung fehlt
wenn der Mut uns verlässt

Bleibe bei uns Gott
und halte uns
und wärme uns
und nähre uns

damit wir leben können
heute und morgen und jeden Tag

Dazu segne uns
der gute und liebende Gott,
der Vater und der Sohn und der Heilige Geist.
Amen.

GOTTESDIENST 5

Vom Geist durchströmt

Gottesdienstidee

Dieser Gottesdienst kann in der Zeit von Pfingsten gefeiert werden, hat aber auch sonst im Kirchenjahr seinen Platz. Ausgangspunkt ist die Vision des Propheten Ezechiel (Ez 37); er sieht, wie Gott die toten Gebeine des Hauses Israel mit seinem Geist zu neuem Leben beseelt. Dies ist ein übertragbares Bild. Im Gottesdienst soll mit einer Atemübung dem Geist, der auch unser Leben beseelt, nachgespürt werden; später können alle im kreativen Malen die ganze Farbigkeit des Geistes Gottes zum Ausdruck bringen.

Gottesdienstverlauf

Nach der Einführung und einem Gebet soll in einer Atemübung der eigene Atem bewusst wahrgenommen werden. Er ist ein Bild für den Geist Gottes, den wir unabdingbar zum Leben brauchen und der uns ganz erfüllen und durchfluten möchte.
Nach dem Hinhören auf die Vision des Propheten Ezechiel können die Teilnehmer/innen auf einer großen Papierbahn mit Fingerfarben ihrer Kreativität freien Lauf lassen und Bilder für den Geist Gottes, der uns aus den Gräbern holt und mit neuem Leben erfüllt, entwerfen.
Die Fürbitten werden mit Weihrauch sinnlich erfahrbar gemacht. Das Vaterunser, ein Gebet und der Segen runden den Gottesdienst ab.

Material

- CD-Player und meditative Musik
- Große Papierbahn
- Fingerfarben
- Weihrauchfass mit Unterlage, Kohle und Schale mit Weihrauchkörnern
- Evtl. Liederbücher und Gitarre

Liedvorschläge

- Atem des Lebens (ZF 71)
- Du hast mein Klagen in Tanzen verwandelt (EH 81)
- Ein guter Geist (ZF 4)
- Gottes Geist bricht über uns ein (EH 247)
- Unser Leben sei ein Fest (UW 128, EH 153, TR 90)

1. Eröffnung und Einführung

Fangen wir diesen Gottesdienst an im Namen des Gottes, der uns seinen heilenden Geist sendet, im Namen des Vaters und des Sohnes und des Heiligen Geistes. Amen.

Ich möchte euch zu unserem Gottesdienst herzlich begrüßen. Heute soll es um den Geist Gottes gehen. Dieser Geist Gottes ist uns oft fremd. Wir merken, dass wir ihn nicht fassen können. Wir wissen nicht so recht, wann wir es mit ihm zu tun haben.

Heute dürfen wir uns deshalb neu bewusst machen, dass überall dort der Geist Gottes am Werk ist, wo Menschen aus tödlichen Erfahrungen aufstehen zu neuem Leben.

2. Gebet

Geist – Wind
Woher kommst du?
Wohin gehst du? –
Du machst uns frei
zu kommen, zu gehen –
an diesem Tag
für dieses Leben.
Atem Gottes

Geist – Wein
Du machst uns trunken
du machst uns mutig –
Wir stoßen an:
Brüder, Schwestern –
an diesem Tag
für dieses Leben.
Atem Gottes

Geist – Same
Du keimst im Schoß der Jungfrau
treibst Knospen
aus dem alten Stamm.
Wir wachsen –
an diesem Tag,
für dieses Leben.
Atem Gottes

Pfingstliche Meditation, nach einem Hymnus aus dem franz. Brevier, übersetzt von Rolf Zerfaß

3. Atemübung

Um dem Geist Gottes nachzuspüren, kann es helfen, den eigenen Atem bewusst wahrzunehmen. Dazu setzen sich alle Teilnehmer/innen aufrecht hin. Es läuft leise Musik.

Du setzt dich aufrecht und dennoch bequem hin. Deine Arme sind locker, die Hände liegen auf den Oberschenkeln auf. Dein Kopf ist gerade. Du hast das Gefühl, dass dich ein unsichtbarer Faden am Scheitelpunkt nach oben zieht und noch ein wenig aufrichtet. Du hast die Augen geschlossen. Deine Schultern hängen locker herab. Du hörst auf deinen Atem. Er kommt und geht. Du spürst, wie sich dein Brustkorb hebt und senkt. Wenn du einatmest, werden dein Brustkorb und dein Bauch weit. Wenn du ausatmest, fallen sie langsam wieder zusammen. Das geht von alleine, du musst nichts tun, als deinen Atem kommen und gehen zu lassen.

Nun versuchst du, deinen Atem in andere Körperregionen wandern zu lassen. Du atmest in deinen Rücken hinein. Bei jedem Atemzug wird dein Rücken weit. Der Atem dehnt ihn. Er erfüllt deinen ganzen Oberkörper. Dann atmest du in deine Beckenregion. Der Atem fließt in deinen Unterkörper und weitet ihn. Du spürst die Sitzknochen, auf denen dein Körper ruht. Du lässt alle Verspannungen los. Nun fließt der Atem in deine Füße. Du lässt ihn bis in die Zehenspitzen hineinfließen. Die Füße werden ganz leicht. Trotzdem spürst du den Boden, auf dem sie aufruhen.

Schließlich wandert der Atem den Nacken hinauf in deinen Kopf. Dein Nacken lässt alle Sorgen los. Deine Gesichtsmuskeln entspannen sich.

Nun nimmst du deinen ganzen Körper wahr, wie er durchflutet ist von deinem Atem. Der Atem ist dein Lebenselixier. Ohne ihn kannst du nicht existieren. Dein ganzer Körper ist erfüllt von seiner Kraft.

Die Teilnehmer/innen haben noch ein wenig Zeit, ihrem Atem nachzuspüren, dann wird die Musik ausgemacht.

4. Bibeltext: Ez 37,1–5.11–14

Wir hören nun eine Stelle aus dem Buch des Propheten Ezechiel. Ezechiel erlebt die Babylonische Gefangenschaft des Volkes Israel. Er weiß, dass das Volk am Ende ist. Aber er weiß auch, dass für Gott nichts unmöglich ist. Jahwe kann alles Todgeweihte zu neuem Leben erwecken. Er verspricht Ezechiel, dass er das Volk Israel aus seinen Gräbern wieder heraufholen wird.

[1]Es kam über mich die Hand Jahwes, und er führte mich im Geiste hin-
aus und versetzte mich mitten in die Talebene; diese aber war voll von
Totengebeinen. [2]Und er ließ mich ringsum an ihnen vorübergehen, und
siehe, es waren ihrer auf dem Boden der Talebene sehr viele; sie waren
ganz verdorrt. [3]Und er sprach zu mir: »Menschensohn, werden diese
Gebeine wieder zum Leben zurückkehren?« Ich antwortete: »Herr Jahwe,
du weißt es.« [4]Da sagte er zu mir: »Weissage über diese Gebeine und
sprich zu ihnen: Ihr dürren Gebeine, höret das Wort Jahwes. [5]So spricht
der Herr Jahwe: Siehe, ich gebe euch Odem, dass ihr lebendig werdet.«
[11]Und er sprach zu mir: »Menschensohn, diese Gebeine sind das ganze
Haus Israel. Siehe, sie sprechen: ‚Verdorrt sind unsere Gebeine, dahin ist
unsere Hoffnung, es ist aus mit uns.‘ [12]Darum weissage und sprich zu
ihnen: So spricht der Herr Jahwe: Siehe, ich öffne eure Gräber und hole
euch heraus aus euren Gräbern, mein Volk, und bringe euch in das Land
Israel, [13]und ihr sollt erkennen, dass ich Jahwe bin, wenn ich eure Gräber
öffne und euch aus euren Gräbern heraushole, mein Volk. [14]Ich lege mei-
nen Odem in euch hinein, dass ihr lebendig werdet, und bringe euch in
euer Land, und ihr sollt erkennen, dass ich, Jahwe, es gesagt und ausge-
führt habe, spricht Jahwe.«

Der Bibeltext wird vorgelesen.
Dann folgen einige Gedanken zur Anregung:

Wir haben in der Erzählung des Ezechiel gehört, wie der Prophet über eine weite Ebene geht, die voller Gebeine des Volkes Israel ist. Hier liegen tote Skelette. Und der Prophet Ezechiel fragt Gott: Können diese Gebeine wieder lebendig werden?

Vielleicht kommen uns beim Bild der Toten eigene Gedanken. Gebeine mitten in unserem Leben. Begrabene Hoffnungen. Erfahrungen, die tödlich sind. Zwänge, die uns wie in ein Grab schließen. Grenzen, die wir erleben. Tödliches Schweigen. Und auch in uns gibt es diese Frage: Kann aus all dem, was wir als todbringend erfahren, je wieder Leben werden?

Und Gott sagt: Ich hauche in euch meinen Lebensatem, meinen Geist. Ich mache euch lebendig. Ich kann den Tod von euch nehmen, denn ich bin euer Gott. So wie für das Volk Israel, so kann der Geist Gottes auch in uns Tödliches zu neuem Leben erwecken. Denn Gottes Geist macht heil und neu.

Wir hören nun den Bibeltext ein zweites Mal. Vielleicht entdecken wir unser eigenes Leben darin.

Nun wird der Bibeltext ein zweites Mal vorgelesen, wenn möglich von einer anderen Person als zuvor.

5. Mal-Aktion

In der Kirche wird eine große Papierbahn ausgerollt. Fingerfarben stehen bereit.

Wir wollen dem lebendig-machenden Geist Gottes nun kreativ auf die Spur kommen. Dazu dürft ihr nun frei malen, was ihr mit dem Geist Gottes und mit der biblischen Erzählung verbindet. Themen könnten sein: meine eigenen Gräber und die Erfahrung von neu beginnendem Leben – Symbole für den Geist Gottes, der befreit und belebt ... Wichtig ist, nicht viel nachzudenken, sondern den eigenen Assoziationen und kreativen Fähigkeiten zu trauen. Es kommt nicht darauf an, dass ein Meisterwerk entsteht, sondern dass im Entwickeln eines Bildes neue Gedanken freigesetzt werden.

Die Teilnehmer/innen können nach Absprache die Bilder auch miteinander verbinden, sodass auf der Papierbahn ein großes Bild entsteht, das wie ein Zyklus wirkt.
Bei der Mal-Aktion kann im Hintergrund Musik laufen.

6. Fürbitten

In einem Weihrauchfass wird eine Kohle entzündet. Das Rauchfass wird offen auf eine Unterlage gestellt, daneben steht eine Schale mit Weihrauchkörnern.

Ihr seid nun eingeladen, eure Wünsche und Bitten Gott laut oder leise anzuvertrauen. Dabei könnt ihr Weihrauchkörner auf die glühende Kohle streuen. Der duftende Rauch ist Symbol für das Gebet, das zu Gott aufsteigt.

Wenn Fürbitten laut ausgesprochen werden, ist es sinnvoll, mit einem Fürbittruf zu antworten (z.B.: Wir bitten dich, erhöre uns).

7. Vaterunser

Gemeinsam wollen wir nun zu Gott, dem Vater, der uns seinen Sohn und seinen Geist gesandt hat, beten: Vater unser im Himmel …

8. Gebet und Segen

öffne die gräber
gott
die selbst gemachten und
die fremdverschuldeten

öffne die gräber
gott
und hole uns heraus
aus lähmung und abhängigkeit
aus mutlosigkeit und resignation

hole uns herauf
in die freiheit
der kinder gottes
in dein beseeltes leben

hauche uns deinen geist ein
der lebendig macht
der aufrecht gehen lässt
damit wir das leben feiern
jeden tag
amen

Und so segne uns
der lebenschenkende Gott,
Vater und Mutter,
Sohn und heilender Geist

Schweigen und hören

Gottesdienstidee

In diesem Gottesdienst geht es um das Thema »Hören«. Die eilnehmer/innen sollen auf verschiedene Weise zum Schweigen und In-sich-hinein-Hören angeregt werden. Daher ist dieser Gottesdienst sehr still und meditativ. Durch die eigene Erfahrung des Schweigens und Hörens soll Sensibilität geweckt werden für die Erzählung von der Verkündigung Mariens. Maria gilt als Frau, die Gottes Stimme in sich Raum gegeben hat. Sie hat in ganz besonderer Weise auf Gottes Wort gehört. Der Gottesdienst greift dies auf und fragt, welches Wort Gott an uns richtet, wenn wir in uns hineinhorchen. Durch den Bezug zu Maria passt dieser Gottesdienst gut in den Mai oder den Oktober. Er kann aber auch in jeder anderen Jahreszeit gefeiert werden.

Gottesdienstverlauf

Der Gottesdienst beginnt mit einer Hinführung zum inneren Ruhigwerden und Schweigen. Dies geschieht in einer Hör-Meditation mithilfe einer Klangschale. Angeschlossen wird eine Übung mit dem Titel »Hör-Kompass«. Die Teilnehmer/innen bekommen Begriffe vorgelegt und lassen sie auf sich wirken. Sie überlegen, bei welchem Begriff ihr innerer »Hör-Kompass« ausschlägt. Sie notieren dazu Gedanken. Gegebenenfalls kann eine Austauschrunde folgen.
Nun wird das Lukasevangelium von der Verkündigung Mariens vorgelesen. Anschließend wird das Geschehen noch einmal nacherzählt. Dabei werden die Gefühle, die Maria in sich erlebt haben mag, mit einbezogen. Wieder erfolgt eine stille Phase für eigene Gedanken.
Gemeinsam wird das Magnifikat gebetet. Es ist das große Dankgebet, das aus der inneren Stille Marias geboren wurde. Dieses Magnifikat weicht von der gängigen Übersetzung ab. Die neuere Übertragung des Textes ermöglicht ein bewussteres Erfassen des Inhalts.
Der Gottesdienst endet mit einem Segensgebet.

Material

- Klangschale
- DIN A4-Blätter, auf denen je ein Begriff notiert ist (s.u.)
- Stifte
- Magnifikat
- Evtl. Liederbücher und Gitarre

Liedvorschläge

- Gott, ich komme zu dir (EH 230, ZF 76)
- Herr, gib uns Mut zum Hören (UW 55, TR 163)
- Magnificat (UW 140, EH 97)
- Schweige und höre (UW 112, EH 20, TR 164)

1. Einführung und Eröffnung

Ich möchte euch am heutigen Abend herzlich begrüßen. Unser Gottesdienst hat heute etwas mit Hören zu tun, mit In-sich-hinein-Hören. Und er hat etwas mit Maria zu tun. Sie hat ganz tief in sich hineingehört. Und sie hat nicht nur ihre eigenen Gedanken in sich vernommen, sondern die Gedanken eines anderen, die Gedanken Gottes. Hören hat etwas damit zu tun, innerlich zum Schweigen zu kommen. In solchem Schweigen kann Gottes Stimme deutlicher hörbar werden in uns.

Beginnen wir unseren Gottesdienst im Namen des Gottes, der immer wieder sein Wort an uns richtet, im Namen des Vaters und des Sohnes und des Heiligen Geistes. Amen.

2. Hör-Meditation

Die Teilnehmer/innen werden aufgefordert, sich aufrecht hinzusetzen und die Augen zu schließen. Der folgende Text wird langsam und ruhig vorgelesen.

Hören wir heute genau hin.
Als Erstes können wir hören auf alles, was gerade an Geräuschen in der Luft liegt: auf den Straßenlärm, auf Menschenstimmen draußen, auf unser Rascheln und Atmen …
– Pause –

Dann können wir auf den Klang der Klangschale hören. Wir sind eingeladen, genau hinzuhören, wie der Ton der Klangschale an unser Ohr dringt und wann er wieder vollständig verklungen ist.

Eine Klangschale wird angeschlagen. Alle hören genau hin, wie lange der Ton noch zu vernehmen ist.
Nach einer weiteren Pause wird fortgefahren.

Wenn wir in uns hineinhören, dann tauchen viele Gedanken, Bilder, Stimmen, Gefühle und Erlebnisse in uns auf. Es ist »laut« in uns. Heute Abend können wir diese inneren Stimmen in uns leiser werden lassen und offen werden für das, was Gott uns in dieser Stunde sagen möchte.

Schweigen.
Nichts mehr sagen.
Innerlich ganz ruhig werden.

Die vielen Gedanken loslassen.
Loslassen alles, was an Bildern in mir emporsteigt.
Loslassen die Gefühle, die mich hin und her zerren.

Schweigen.
In mich hineinhorchen.
Alles weglassen, ganz still werden.

Leer sein.
Nichts mehr denken.
Nur noch atmen und hier sein,
nur noch sitzen und da sein vor dem Gott des Lebens.

Schweigen.
Mir selbst ganz nahe sein.
Und spüren, dass Gott mir ganz nahe ist
tief in mir.

Nach einer Weile des vollständigen Schweigens wird nochmals die Klangschale angestoßen.

3. Hör-Kompass

Es werden Blätter ausgelegt, auf denen je ein Begriff steht. Folgende Begriffe sind z.B. denkbar:

Streit – Freund/in – Misserfolg – Tod – Hoffnung – Urlaub – Körper – Spiel – Liebe – Gebet – Gott – Frieden – Eltern – Wald – Erfolg – Natur – Glaube – Glück – Musik – Sehnsucht – Gewalt – Trauer – Schmerz – Gemeinschaft – Fragen

Je nach Gottesdienstgruppe können aber auch völlig andere Begriffe verwendet werden. Zu den Blättern werden Stifte gelegt.
Dann wird folgende Anleitung gegeben:

Schaut euch die Begriffe in Ruhe an. Sie sollen auf uns wirken. Wenn ihr in euch hineinhört, merkt ihr vielleicht, dass es Begriffe gibt, bei denen die innere Nadel eures Hör-Kompasses ausschlägt.

Ihr könnt euch einen Begriff aussuchen und das dazugehörige Blatt an euch nehmen. Dann habt ihr Zeit, in einer stillen Phase auf die Rückseite des Blattes einen Gedanken, ein Gebet, eine Bitte oder eine Frage dazu aufzuschreiben.

Diese Phase kann eine Weile dauern. Wenn sich die Teilnehmer/innen kennen, ist es möglich, dass sie die gewählten Begriffe und ihre Gedanken dazu vorstellen.

(Vgl. Manfred Frigger, in: Frühschicht – Spätschicht. Impulse für Gebet und Gottesdienst, Verlag Herder, Freiburg, 4. Auflage 1992, S. 51f)

4. Evangelium: Lk 1,26–38

Wir wollen uns nun erzählen lassen von einer Frau, die ganz Ohr wurde für die Stimme Gottes, die sie in sich hören durfte: Maria.

[26]Im sechsten Monat aber wurde der Engel Gabriel von Gott in eine Stadt
in Galiäa namens Nazaret gesandt [27]zu einer Jungfrau, die verlobt war
mit einem Manne namens Josef aus dem Hause Davids; und der Name
der Jungfrau war Maria. [28]Und er trat zu ihr ein und sprach: »Sei gegrüßt,
du Begnadete; der Herr ist mit dir.« [29]Sie aber erschrak über das Wort
und sann nach, was dieser Gruß bedeuten solle. [30]Der Engel sprach zu
ihr: »Fürchte dich nicht, Maria, denn du hast Gnade gefunden bei Gott.
[31]Siehe, du wirst empfangen und einen Sohn gebären und sollst ihm den
Namen Jesus geben. [32]Dieser wird groß sein und Sohn des Höchsten
genannt werden. Und Gott der Herr wird ihm den Thron seines Vaters
David geben; herrschen wird er über das Haus Jakob in Ewigkeit, [33]und
seiner Herrschaft wird kein Ende sein.« [34]Maria aber sprach zu dem
Engel: »Wie wird dies geschehen, da ich keinen Mann erkenne?« [35]Der
Engel antwortete ihr: »Heiliger Geist wird über dich kommen, und Kraft
des Höchsten wird dich überschatten; darum wird auch das, was gebo-
ren wird, heilig genannt werden, Sohn Gottes. [36]Siehe, Elisabet, deine
Verwandte, auch sie hat einen Sohn empfangen in ihrem Alter, und dies
ist der sechste Monat für sie, die als unfruchtbar gilt, [37]denn bei Gott ist
kein Ding unmöglich.« [38]Maria aber sprach: »Siehe, die Magd des Herrn,
mir geschehe nach deinem Wort.« Und der Engel schied von ihr.

5. Gedanken zum Evangelium

Maria hört die Botschaft des Engels: Du darfst ein Kind empfangen, einen Sohn wirst du gebären. Dem sollst du den Namen Jesus geben.

Begleitet ist diese Verkündigung von Gefühlen der Angst und Unsicherheit. Wer redet da mit mir? Kann ich dieser Stimme Gottes Glauben schenken? Ist es Gott oder eine böse Macht? Darf ich mich auf diese Stimme einlassen?

Maria ringt und hört in sich hinein. Dann tritt sie in ein Gespräch, in eine Beziehung zu dieser Stimme. Sie fragt nach: Wie kann das alles wahr werden, was mir verheißen wurde? Und sie erfährt: Was Menschen nicht vermögen, Gott kann es wirken. Für ihn ist nichts unmöglich!

Maria gewinnt innere Gelassenheit und Sicherheit, dass hinter ihrer Wahrnehmung, hinter dem, was sie vernommen hat, nichts Böses steckt, sondern der Gott, an den sie seit ihrer Kindheit glaubt. Sie schweigt und nimmt in sich wahr, dass Gott ganz nahe ist, still und leise, aber mächtig.

Maria zeigt uns, was es braucht, um die Stimme Gottes im eigenen Leben zu vernehmen. Hören wir selbst noch einmal in einer kurzen Stille genau hin. Welchen Satz sagt Gott mir jetzt in dieser Stunde?

Wieder wird die Klangschale angeschlagen, um eine kurze Stille zu eröffnen; nach einiger Zeit nochmals, um die Stille zu beenden. Das folgende Magnifikat wird gemeinsam gebetet:

6. Magnifikat

Aus der Stille heraus spricht Maria schließlich ein großes Dankgebet. Es ist ein Lobgebet, das aus der Tiefe ihres Herzens emporsteigt. Dieses Gebet, das Magnifikat, wollen wir nun in einer neueren Übertragung gemeinsam beten:

Aus der Mitte meines Herzens
heraus rühme ich Jahwe.
Mein Geist freut sich über Gott,

der meinen Weg begleitet.
Ihm singe ich,
denn er hat mich wertvoll gemacht,
mich, die nicht geachtet wird.
Mich werden glücklich nennen
Völker und Menschen aller Rassen –
heute und immer.
Der Mächtige hat an mir gehandelt
– wunderbar.
Er ist der Heilige.
Seine Liebe und Zärtlichkeit
durchwaltet die Zeiten.
Seine Wärme die Generationen,
die sich in ihm festmachen.
Er kann mehr als Gewaltiges tun.
Er stürzt um bestehende Ordnungen.
Die, die sich in Hochmut über
andere erheben, zerstreut er wie Sand.
Und die, die Macht an sich gerissen
haben, stürzt er von ihren
selbst gemachten Thronen.
Die Kleinen aber, die Wehrlosen und
Ungeliebten, die zieht er ganz nah
an sich heran.
Die, die noch nach etwas hungern
können, beschenkt er im Übermaß.
Die Satten und Selbstgefälligen,
die Reichen aber treibt er mit
leeren Händen aus seiner Nähe.
Er nimmt sich ganz des Volkes an,
das aus ihm lebt.
Damals hat er es unseren Vätern
und Müttern verheißen.
Und diese Zusage gilt ohne Ende
bis hinüber in die Ewigkeit
all denen, die Gottes Reich suchen.

Quelle unbekannt

7. Segen

segne
unser Schweigen
Gott
und unser Hören

segne
unsere Stille
Gott
und unser Loslassen

segne
unser Dasein
Gott
damit wir dich vernehmen

deinen leisen
zärtlichen Ruf
dein Wort in uns

fülle uns aus
dass unser ganzes Leben
dir gehört

so segne und begleite
du uns Gott
Vater und Sohn
und Heiliger Geist

Amen

GOTTESDIENST 7

Unterm Ginsterstrauch

Gottesdienstidee

In diesem Gottesdienst wird die Erzählung aufgegriffen, in der Elija in die Wüste geht, um dort zu sterben. Dabei erfährt er, dass Gott ihm durch einen Engel neue Kraft schenkt. So kann er 40 Tage lang weitergehen, bis er schließlich am Gottesberg Horeb Gott auf wundersame Weise begegnet. Durch diese Begegnung wird sein Gottesbild verändert.
Die Teilnehmer/innen haben während des Gottesdienstes in einer längeren stillen Phase Zeit, dieser Elija-Erzählung an drei Stationen nachzugehen und sie auf ihr eigenes Leben zu übertragen. Dies tut jede/r für sich, was das Erleben sehr intensiv machen kann.

Gottesdienstverlauf

Nach einer Einführung in das Thema folgt das Kyrie. Dann wird die Elija-Erzählung vorgelesen. In einer Meditation werden Gedanken herausgegriffen und auf unser eigenes Leben übertragen. Es folgt eine ca. 20-minütige stille Phase, in der die Teilnehmer/innen an drei Stationen die verschiedenen angeklungenen Themen vertiefen können: die Klage, die Stärkung unterm Ginsterstrauch und die Gottesbegegnung am Horeb. Nach dieser Phase kommen die Teilnehmer/innen wieder zusammen. Es folgen Fürbitten und das Vaterunser. Der Gottesdienst schließt mit einem Gebet und dem Segen.

Material

Station 1

- Klagemauer aus Backsteinen, kleine Zettel und Stifte
  (Wenn dies nicht möglich ist, kann man auch ein Plakat an der Wand anbringen, auf dem die Überschrift »Herr, nun ist es genug!« steht. Dann können die Teilnehmer/innen mit einem Edding-Stift auf das

Plakat schreiben. Allerdings ist die »anonyme« Möglichkeit der kleineren Zettel, die nicht vorgelesen, sondern in die Mauerritzen gesteckt werden, geeigneter.)

- Teelichter und Streichhölzer
- Kopien mit dem Textabschnitt 1 der Elija-Erzählung

Station 2

- Tisch mit Speise und Getränk (Brot, Schokolade, Obst ... und Wasser/Saft) und Becher
- Schale mit Duftöl
- Kopien mit dem Textabschnitt 2 der Erzählung

Station 3

- Gebetsschemel
- Kerze und Tuch
- Zettel und Stifte
- Plakat mit der Überschrift »Gedanken und Bitten«
- Kopien mit dem Textabschnitt 3 der Elija-Erzählung
- CD-Player und meditative Musik
- Evtl. Liederbücher und Gitarre

Liedvorschläge

- Bewahre uns, Gott, behüte uns, Gott (EH 110, TR 335)
- Hoffen wider alle Hoffnung (UW 44, EH 88, TR 709)
- Im Jubel ernten (EH 249, TR 835)
- Taste and see/Schmeckt und seht (ZF 122)

1. Eröffnung und Einführung

Herzlich willkommen zu unserem heutigen Abendgottesdienst! Wir wollen beginnen im Namen des Vaters und des Sohnes und des Heiligen Geistes. Amen.

Heute soll uns Elija durch unseren Gottesdienst begleiten. Dieser Elija war ein gottesfürchtiger Mann, ein Prophet, der für Gott gestritten und gekämpft hat. Viel Blut hat er dabei vergossen: Er hat zahlreiche Priester des Gottes Baal getötet, um Jahwe zu seinem Recht zu verhelfen. Doch dann kam die Stunde, in der er für all diese Kämpfe selbst verfolgt wurde, und er bekam Angst. Er floh. Er floh weit weg, hinein in die Wüste. Und er stellte sein ganzes Leben infrage. Vor allem aber stellte er Gott infrage.

Vielleicht kennen auch wir solche Momente, in denen wir unser Leben und Gott infrage stellen. In denen wir zweifeln, ob all das, was wir erleben, mit Gott zu tun haben kann. Und in denen wir wissen möchten: Ist Gott wirklich so, wie wir glauben?

Gehen wir in diesem Gottesdienst einen Weg mit Elija. Er kann uns zeigen, wie Gottesbegegnung geschieht.

2. Kyrie

Elija geht in die Wüste. Auch unser Leben ist oft dürr und leer.
Herr, erbarme dich.

Elija sagt: Gott, jetzt ist es genug. Auch wir haben manchmal genug von den Problemen unseres Lebens.
Christus, erbarme dich.

Elija wird von Gott gestärkt und gespeist. Auch wir sehnen uns oft danach, dass jemand uns neue Kraft schenkt.
Herr, erbarme dich.

Ja, Gott, erbarme du dich über uns und über unser Leben, damit wir offen werden, dir und den Menschen zu begegnen. Darum bitten wir dich durch Jesus Christus, unseren Bruder und Herrn.
Amen.

3. Bibeltext: 1 Kön 19,1–13a

Wir hören nun, was Elija in der Wüste erlebt hat:
[1]Ahab erzählte der Isebel alles, was Elija getan, und den ganzen Hergang,
wie er alle Propheten mit dem Schwert hatte umbringen lassen. [2]Da
sandte Isebel einen Boten zu Elija und ließ ihm sagen: »Die Götter sollen
mir dies antun und jenes, wenn ich nicht morgen um diese Zeit dein
Leben dem Leben eines jeden von ihnen gleichgemacht habe.« [3]Da geriet
er in Angst, machte sich auf und ging davon, um sein Leben zu retten. Als
er nach Beerscheba, das zu Juda gehört, kam, ließ er seinen Diener dort
zurück. [4]Er selbst aber ging einen Tagesmarsch weit in die Wüste hinein.
Als er so weit gekommen war, ließ er sich unter einem Ginsterstrauch
nieder und wünschte sich den Tod, indem er sprach: »Nun ist es genug,
Jahwe! Nimm meine Seele hin; ich bin ja nicht besser als meine Väter!«
[5]Dann legte er sich hin und schlief ein. Da, auf einmal rührte ihn ein
Engel an und sprach zu ihm: »Steh auf, iss!« [6]Als er hinblickte, siehe, da
war zu seinen Häupten ein gerösteter Fladen und ein Krug Wasser. Und
er aß und trank und legte sich wieder schlafen. [7]Aber der Engel Jahwes
kam zum zweiten Mal, rührte ihn an und sprach: »Steh auf, iss! Denn
sonst ist der Weg zu weit für dich!« [8]Da stand er auf, aß und trank und
wanderte in der Kraft jener Speise vierzig Tage und vierzig Nächte bis
zum Gottesberge, dem Horeb.

[9]Er trat dort in die Höhle und übernachtete darin. Und siehe, es
erging das Wort Jahwes an ihn, und er sprach zu ihm: »Was tust du hier,
Elija?« [10]Er erwiderte: »Von Eifer bin ich entbrannt für Jahwe, den Gott
der Heerscharen; denn die Israeliten haben dich verlassen, deine Altäre
haben sie niedergerissen, deine Propheten haben sie mit dem Schwerte
umgebracht. Ich allein bin übrig geblieben, und nun stellen sie auch meinem Leben nach.« [11]Da sprach er: »Geh hinaus und tritt auf dem Berg

vor Jahwe hin!« Und siehe, Jahwe zog vorüber. Ein gewaltiger, heftiger Sturm, der Berge zersprengt und Felsen spaltet, ging vor Jahwe her; aber Jahwe war nicht in dem Sturm. Nach dem Sturm kam ein Erdbeben; aber Jahwe war nicht im Erdbeben.
12Nach dem Erdbeben kam Feuer; aber Jahwe war nicht im Feuer. Nach dem Feuer kam ein leises, sanftes Säuseln.
13Da, als Elija das vernahm, verhüllte er sein Antlitz mit seinem Mantel, ging hinaus und trat an den Eingang der Höhle.

4. Meditation zu Elija

Nach dem Vorlesen der Bibelstelle wird leise Musik gespielt. Nach einer kurzen Pause werden folgende Gedanken langsam und ruhig vorgetragen:

Elija.

Er ist müde seines Lebens.
Er will nicht mehr.
Genug hat er gearbeitet.
Genug hat er sich abgemüht.
Nun reicht es.

Geht es auch uns manchmal so?
Alles umsonst.
Alles sinnlos.
Wüste rings um uns.
Keine Gnade.

Elija setzt sich unter einen Strauch.
Gebückt sitzt er da,
schlafend,
fertig mit sich und der Welt,
fertig aber vor allem mit Gott.

Lässt Gott ihn so sitzen?
Lässt Gott ihn so sterben?
Niemals.
Nicht ihn und keinen.
Gott schickt einen Engel.
Er kommt selbst
und sieht und versteht.
Und er schenkt Brot,
Kraft für den Körper,
Balsam für die Seele.

So ist es auch für uns.
Gott sorgt.
Gerade dann, wenn es nicht mehr geht.
Er hat Brot, er hat Wein,
er hat Trost, er hat Kraft.
Und er geht den Weg mit uns
hin zum Gottesberg,
zum Ort, wo er uns zeigt,
dass er da ist,
jetzt und für immer.

5. Stationen in der Kirche

Für die nun folgende Zeit sind drei verschiedene Stationen in der Kirche hergerichtet (Material s.o.). Je nachdem, wo ein guter Platz ist, liegen diese Materialien bereit, damit die Teilnehmer/innen dort bequem für eine Zeit verweilen und sich vertiefen können.
Station 1 bildet die Klagemauer. Zettel und Stifte liegen bereit, damit Klagen aufgeschrieben werden können. Teelichter können angezündet werden.
Bei der 2. Station wartet ein schön hergerichteter Tisch mit Getränken und Essen auf die Teilnehmer/innen. Hier können sie ausruhen und genießen. Vor allem Schokolade wird in einem Gottesdienst meist als Besonderheit empfunden und sehr geschätzt. Eine Schale mit Duftöl spricht den Geruchssinn an.

Die 3. Station soll ein besonders ruhiger Ort der Kirche sein. Hier stehen Gebetsschemel. Eine Kerze kann beruhigend und einladend wirken. Ein Plakat liegt aus, um Gedanken und Bitten aufzuschreiben; Zettel und Stifte sind vorbereitet, um ein eigenes Gebet zu formulieren.
Bei allen Stationen liegen Kopien des jeweiligen Abschnitts der Elija-Erzählung.

Wir sind nun eingeladen, den Weg des Elija nachzugehen. In der Kirche gibt es an drei verschiedenen Stellen je eine Station.

Die erste Station befindet sich … *(Stelle benennen)*. Sie steht unter dem Titel »Herr, nun ist es genug!« An ihr ist eine Klagemauer aufgestellt. Hier dürfen wir unsere Erfahrungen, die uns ratlos und müde sein lassen, auf Zettel aufschreiben und in die Ritzen der Mauer stecken. Hier soll ein Ort sein, an dem wir traurig sein dürfen, an dem wir vor Gott klagen dürfen über all das, was uns in unserem Leben ohnmächtig zurücklässt. Und wir dürfen dort Teelichter anzünden als Zeichen, dass Gott unsere Klage hört.

Die zweite Station heißt »Unterm Ginsterstrauch«. Sie ist … *(Stelle benennen)*. Hier ist der Ort, an dem wir gestärkt werden. Dort gibt es etwas zum Essen und zum Trinken, das wir einfach mitten in diesem Gottesdienst genießen dürfen. Mit dem Duftöl in der Schale können wir uns Stirn und Nacken einreiben, um uns zu entspannen.

Die dritte Station befindet sich … *(Stelle benennen)*. Sie heißt »Gottesberg Horeb«. Hier sind wir eingeladen, Gott zu begegnen. Auf Gebetsschemeln können wir versuchen, uns ins Gebet zu vertiefen. Wir können auf einem Plakat unsere Gedanken und Bitten formulieren, die wir Gott anvertrauen. Oder wir können ein eigenes Gebet schreiben, in dem wir unsere Stimmung vor Gott ins Wort bringen. Immer geht es darum, neu zu erfahren, wer Gott für uns sein möchte und wie er sich uns zeigt. Wir haben nun 20 Minuten Zeit, uns eine oder mehrere Stationen auszusuchen und dort einige Zeit zu verbringen, je nach dem, welche davon unserer Stimmung gerade entspricht. Die jeweiligen Abschnitte des Bibeltextes liegen dort nochmals zum Nachlesen aus. Während dieser Phase läuft leise Musik. Wenn die Musik ausgeschaltet wird, versammeln wir uns wieder auf unseren Plätzen.

Leise Musik wird angestellt und nach ca. 20–25 Minuten wieder abgeschaltet. Alle kommen zu ihrem Platz zurück. In die Mitte wird das Plakat mit den Bitten von Station 3 gelegt.

6. Fürbitten

Aus den Gedanken und Bitten, die auf das Plakat geschrieben wurden, können Fürbitten formuliert werden. Ansonsten sind alle zu freien Fürbitten eingeladen. Als Antwortruf kann die Gruppe jeweils »Herr, erbarme dich« singen oder sprechen.

7. Vaterunser

Wir wollen alles, was uns heute Abend bewegt, zusammenfassen mit Jesu Worten:
Vater unser im Himmel …

8. Gebet und Segen

schick einen engel
gott
der weiterweiß
wenn wir den weg nicht finden

schick einen engel
gott
der brot hat
wenn hunger und sehnsucht
uns quälen

schick einen engel
gott
der geduld hat
und uns aufhilft
dir entgegenzugehen

schick einen engel
gott
der den berg kennt
an dem wir wissen
du bist da

Und so segne du uns,
geduldiger und naher Gott,
Vater und Sohn und Geist.
Amen.

Sorg-los leben

Gottesdienstidee

Ausgehend von der Aufforderung Jesu, »Macht euch keine Sorgen um euer Leben!« (Lk 12,22), geht der Gottesdienst dem Psalmgebet nach. In ihm darf der Mensch all seine Gefühle und Gedanken, sein Mühen und Sorgen vor Gott tragen. Denn Gott dürfen wir alles sagen, was uns bewegt. Aber gleichzeitig ist es wichtig, im Gebet die Sorgen loszulassen, damit sie uns nicht am Leben hindern.
Indem die Teilnehmer/innen im Gottesdienst ihren ganz eigenen Psalm, der für sie im Augenblick passt, aussuchen und diesen dann laut beten, werden sie mit hineingenommen in die traditionelle Gebetsform der Kirche und können mit ihrer Hilfe ihre Sorgen in Gottes Hand legen.

Gottesdienstverlauf

Nach der Einführung dürfen sich die Teilnehmer/innen je ein Bild aussuchen, das ihre momentane Stimmung ausdrückt. Die Bilder liegen im ganzen Kirchenraum aus. Danach stellen sich alle die gewählten Bilder gegenseitig vor. Nun folgt das Evangelium, in dem Jesus von der rechten und der falschen Sorge spricht. Einige Gedanken dazu werden vorgetragen, um das Evangelium auf unser Leben zu übertragen. In der nächsten Phase können die Teilnehmer/innen aus einer Auswahl einen für sich gerade passenden Psalm aussuchen und diesen dann laut beten, während sie im Kirchenraum umhergehen. Dabei wird die Vielfalt der Psalmen deutlich spürbar.
Es kann ein Austausch folgen. Dabei können die Teilnehmer/innen darauf eingehen, was sie gerade an ihrem Psalm angesprochen hat. Eine andere Möglichkeit ist, dass jede/r einen ganz eigenen Psalm formuliert. Dazu muss genügend Zeit vorhanden sein.
In den Fürbitten werden einzelne Psalmverse nochmals aufgegriffen. Das Vaterunser fasst die Bitten zusammen. Der Gottesdienst endet mit einem Gebet und dem Segen.

Material

- Verschiedenste Bilder (z.B. Landschaftsbilder, Postkarten, Kalenderblätter), die in der Kirche ausgelegt werden
- Psalmkopien (s.u.), die an den Wänden angeklebt werden oder ausliegen
- CD-Player und meditative Musik
- Evtl. Liederbücher und Gitarre
- Evtl. Zettel und Stifte, um einen eigenen Psalm zu schreiben

Liedvorschläge

- Du bist da, wo Menschen leben (EH 74)
- Gott, dir will ich vertrauen (ZF 75)
- Keinen Tag soll es geben (EH 277)
- Meine Zeit steht in deinen Händen (EH 121, TR 759)
- Von allen Seiten umgibst du mich (EH 118, ZF 153, TR 660)
- Von guten Mächten (UW 101, EH 123, TR 717)
- Wann leben wir (ZF 68)

1. Eröffnung und Einführung

Wir sind eingeladen, eine Stunde mit Gott zu verbringen und dabei uns selbst näher zu kommen. Wir wollen diese Stunde beginnen im Namen dessen, der uns einlädt: Im Namen des guten Gottes, des Vaters und des Sohnes und des Heiligen Geistes. Amen.

Ich freue mich, dass wir heute hier zusammenkommen, und ich begrüße euch sehr herzlich! Es geht immer um unser Leben, wenn wir Gottesdienst feiern. Es geht darum, dass unser Leben heiler, bewusster, erlöster wird. Gott möchte Anteil nehmen an all dem, was uns bewegt. Und er möchte uns all das abnehmen, was uns belastet. Wir müssen uns nur trauen, es ihm zu übergeben.

2. Bildersprache

In der Kirche sind verschiedenste Bilder ausgelegt (s.o.). Sie können auf allen Bänken verteilt sein, sodass man umhergehen muss, um sie alle anschauen zu können.

Verschiedenste Bilder sind heute in unserer Kirche ausgelegt. Sie sollen uns anregen, darüber nachzudenken, wie unser Leben gerade ist.

Alle sind nun eingeladen umherzugehen und ein Bild auszuwählen, das die eigene Stimmung gerade am besten ausdrückt. Dann kommen wir wieder hier zusammen, um uns gegenseitig die Bilder zu zeigen.

Die Teilnehmer/innen gehen in Ruhe durch die Kirche und schauen sich die Bilder an. Dazu kann leise Musik abgespielt werden. Wenn sich alle entschieden haben und mit ihrem Bild zum Platz zurückgekehrt sind, werden die Bilder nacheinander gezeigt. Dazu darf jede/r äußern, was ihn/sie an dem Bild besonders angesprochen hat und welche Lebenssituation es verdeutlichen soll.

3. Evangelium: Lk 12,22–31

22Und Jesus sprach zu seinen Jüngern: »Darum sage ich euch: Sorget
nicht um das Leben, was ihr essen, noch um den Leib, was ihr
anziehen sollt. 23Denn das Leben ist mehr als die Nahrung und der
Leib mehr als die Kleidung. 24Betrachtet die Raben, sie säen nicht, sie
ernten nicht; sie haben weder Speicher noch Scheuer, und Gott
ernährt sie. Wie viel mehr seid ihr (wert) als die Vögel! 25Wer von euch
kann aber mit seinem Sorgen seiner (Lebens-)Länge eine Elle
hinzufügen? 26Wenn ihr nun nicht einmal das Geringste vermögt, was
sorgt ihr euch um das Übrige? 27Betrachtet die Lilien, wie sie weder
spinnen noch weben; ich sage euch aber: Selbst Salomo in all seiner
Pracht war nicht gekleidet wie eine von ihnen. 28Wenn aber Gott das
Gras, das heute auf dem Felde steht und morgen in den Ofen geworfen
wird, so kleidet, wie viel mehr euch, Kleingläubige! 29So fragt denn

auch ihr nicht, was ihr essen und was ihr trinken werdet, und seid
nicht in ängstlicher Unruhe; 30denn nach all dem trachten die Völker
der Welt. Euer Vater aber weiß, dass ihr das braucht. 31Suchet vielmehr
sein Reich, und all das wird euch dreingegeben werden.«

Das Evangelium wird vorgelesen. Dann werden einige Gedanken dazu vorgetragen.

4. Gedanken zum Evangelium

Mir keine Sorgen machen.
Mich nicht verrückt machen lassen von dem, was mich bedrängt.
Aus der Hand geben, was ich eh nicht ändern kann.

Nicht, weil ich nicht wichtig bin.
Nicht, weil ich nicht sagen darf vor Gott,
was mir Angst macht,
was mich verunsichert,
was mich umtreibt.
Das darf ich wohl.
Ich darf mit Gott reden über alles,
was in mir ist und
was vor anderen oft so unaussprechlich scheint.

Aber in meinem Zweifeln und Glauben,
in meinem Beten und Wünschen
darf ich wissen,
dass der, der mich gemacht hat,
um mich weiß und für mich sorgt
und mit mir lebt.
Hab keine Angst, sagt er zu mir.

5. Psalmen

An den Wänden der Kirche sind jeweils mehrere Kopien der unten abgedruckten Psalmen mit Tesakrepp angeheftet. (Es können selbstverständlich auch andere Psalmen verwendet werden.)

Wir haben gehört, wie Jesus gesagt hat, dass wir uns von unseren Sorgen nicht niederdrücken lassen sollen. Eine Form, wie Menschen früherer Zeiten ihre Sorgen Gott übergeben haben, war die des Psalmgebets. Menschen haben in den Psalmen ihre Gefühle und Bitten Gott anvertraut. Und sie haben geglaubt, dass Gott ihnen in ihrem Beten sehr nahe ist. Ihr seid nun eingeladen, in der Kirche umherzugehen und die verschiedenen Psalmen anzuschauen, die an den Wänden ausgehängt sind. Wenn ihr das getan habt, sollt ihr euch – wie zuvor bei den Bildern – einen Psalm aussuchen, der heute zu euch passt. Er kann eine Antwort sein auf das Bild, das ihr gerade gewählt habt. Nehmt den Psalm dann von der Wand und geht mit ihm in der Kirche umher. Dann könnt ihr ihn laut beten, in eurem ganz eigenen Tempo. Dazu gehört anfangs etwas Mut, aber ihr werdet sehen, es kann sehr eindrucksvoll sein, wenn wir von überall her ganz verschiedene Psalmworte hören.

Gottes Weg mit uns

Ich rufe zu Gott, ich schreie, bis er mich hört.
Ich suche Gott in meiner großen Not, am Tag und bei Nacht,
keiner kann meine Seele trösten.
Ich kann nicht mehr schlafen, mein Geist ist verwirrt,
kein klarer Gedanke hält stand.
Erinnerungen steigen in mir auf,
Erinnerungen an einst, an schöne, glückliche Zeiten.
Doch sie sind vorbei, keine Stunde kehrt je zurück.
Ich grüble und zweifle an mir selbst und an Gott.
Wo bist du, wenn du Gott bist?
Hast du mich verstoßen auf immer und ewig?
Ist deine Huld versiegt, ist deine Gnade beendet für alle Zeit?
Hast du vergessen, dass ich dein Kind bin,
hast du mich aufgegeben und fallen gelassen?
Ich will daran denken, dass du immer wieder Wunder getan hast.
Damals, als alles zu Ende war für dein Volk.
Damals hast du die Tiefen des Meeres erschüttert.
Du hast den Fluten geboten, dir zu gehorchen.
Mitten durch das Meer ging dein Weg.
Mitten durch das bedrohliche, schreckliche Meer,
an der Katastrophe vorbei ging dein Weg.
Du hast sie geführt mit sicherer Hand, denn sie waren dein.
So wirst du auch mich führen, dort wo kein Weg mehr ist.
Gott, verlass mich nicht.

nach Psalm 77

Gottesdienst 8

Sehnsucht nach Gott

Sehnsucht habe ich nach dir, Gott,
wie ein Durstiger, wie einer, der Wasser braucht.
Meine Seele dürstet nach dir, lebendiger Gott.
Wann darf ich zu dir kommen und deine Nähe spüren?
Wann zeigst du dich endlich wieder, damit ich aufatmen kann?
Irre geworden bin ich an dir,
denn ich habe geweint und gelitten, Tag um Tag.
Wo bist du, Gott, diese Frage ist wie ein Stachel im Fleisch.
Ich weiß es nicht mehr, wo du bist.
Meine Seele, hab Geduld, denn es kommt der Tag,
an dem Gott rettet für immer.
Ich bin verzweifelt und betrübt,
ich denke an dich, Gott, zu jeder Zeit.
Ich hoffe und frage, ich flehe und bete,
doch du scheinst mich vergessen zu haben.
Warum muss ich so elend sein?
Warum hilfst du nicht in meiner großen Not?
Meine Seele, hab Geduld, denn es kommt der Tag,
an dem Gott rettet für immer.

nach Psalm 42

Gott, meine Hoffnung

Meine Seele ruhet in Gott, / von ihm allein kommt mir Hilfe.
Er allein ist mein Fels und mein Heil; / er ist meine Burg,
ich werde nicht wanken.
Wie lange noch bedroht ihr alle den einen, / ihn zu stürzen wie eine Wand, die sich neigt, / wie eine sinkende Mauer!
Nur Täuschungen hecken sie aus, / sie, deren Freude die Lüge ist. / Lüge im Munde, so wünschen sie Segen, / im Herzen aber tragen sie Fluch.
Ruhe du, meine Seele, in Gott, / von ihm allein kommt mir Hilfe.
Er allein ist mein Fels und mein Heil; / er ist meine Burg,
ich werde nicht wanken.
Mein Heil und meine Ehre, sie sind bei Gott; / er ist der Fels meiner Kraft, ja, Gott ist mir Zuflucht.

Psalm 62,2–8

Gott ist mein Hirte

Gott ist mein Hirte, er hütet mein Leben,
nichts wird mir fehlen.
Er führt mich auf die Weide, er zeigt mir den Rastplatz am Wasser.
Er stillt meine Sehnsucht, er leitet mich den rechten Weg,
damit ich nicht fehlgehe, denn er hat es versprochen.
Auch wenn es Nacht wird um mich,
auch wenn ich traurig bin und betrübt,
muss ich keine Angst haben.
Denn Gott ist bei mir, er ist mir nahe,
stärkt meine Hoffnung und Zuversicht.
Gott, du gibst Kraft, auch wenn andere es missgönnen.
Gott, du schenkst Wohltat und Aufatmen und Segen.
Mein Leben ist begleitet von deiner Gnade,
von deiner Liebe und deinem Erbarmen.
Bei dir darf ich geborgen sein für lange Zeit.

nach Psalm 23

Bitte um Vergebung und Gnade

Gott, ich möchte dir vertrauen, deshalb bete ich zu dir.
Lass mich nicht scheitern,
lass meine Hoffnung nicht zuschanden werden.
Denn du gibst jeder Hoffnung recht, du lässt keinen im Stich.
Lehre mich, Gott, deinen Weg zu gehen.
Auf dich setze ich meine ganze Hoffnung, enttäusche mich nicht.
Denke an dein Erbarmen.
Denke an die Liebe, die du so vielen gegeben hast.
Ja, Gott, ich habe es falsch gemacht.
Ja, Gott, meine Schuld ist groß.
Mein Leben geht schief, und nur du kannst helfen.
Vergib mir. Zeige mir deine Huld und Treue.
Wende dich mir zu, und sieh auf mich,
auf mein ganzes Leben, auf alles, was fehlgeschlagen ist.
Sieh mich an, denn ich bin einsam und gebeugt.
Du allein kannst mich aus der Schlinge befreien,
du allein kannst mein Leben neu machen.
Befreie mich von meiner Angst,
hole mich heraus aus meiner Not.
Lass mich nicht scheitern, denn ich vertraue auf dich.

nach Psalm 25

Danklied

Mein Herz freut sich über dich, Gott,
du gibst mir große Kraft.
Ich widerstehe allem, was mich bedrängt,
denn ich baue auf deine Hilfe.
Nur du bist Gott, keiner sonst,
du allein bist Gott für uns.
Du bist wie ein Fels,
und manchmal schaust du unser Leben prüfend an.
Dann drehst du unsere Maßstäbe um.
Wer schwach war, wird stark,
wer mit Stärke geprotzt hat, unterliegt.
Wer reich war, lernt die Mühsal der Armen kennen,
wer hungerte, feiert ein Fest.
Die Frau, deren Schoß verschlossen war,
bekommt so viele Kinder sie will.
Die, die über andere triumphiert hat,
hat nichts mehr zu lachen.
Gott macht tot und lebendig,
er führt ins Unglück und in die Seligkeit.
Er hebt alle empor, die erniedrigt sind und gequält,
er gibt denen Ansehen, die verachtet sind und verlacht.
Ja, Gott ist mächtig und weise,
gerecht und gut.

nach 1 Sam 2,1–8

Klage

Jahwe, mein Gott, am Tage rufe ich dich, /
ich klage vor dir in der Nacht.
Es dringe zu dir mein Gebet, / neige dein Ohr meinem Flehen.
Denn meine Seele ist gesättigt mit Leid, /
dem Totenreich ist nahe mein Leben.
Ich werde zu denen gezählt, die fahren zur Grube, /
ich bin ein Mensch ohne Kraft,
entlassen unter die Toten, / gleich den Erschlagenen,
die ruhen im Grabe: / Deren du nimmer gedenkest, /
die keinen Teil mehr haben an deiner Sorge.
Du warfest mich in die unterste Grube, / in die Finsternis,
in den Abgrund.
Schwer lastet auf mir dein Unmut, /
all deine Wogen brechen herein über mich.
Meine Freunde hältst du mir ferne. / du machst mich ihnen zum
Gräuel, / ein Gefangener bin ich und kann nicht entrinnen.
Meine Augen dunkeln vor Elend, / Jahwe, an allen Tagen rufe ich
dich, / nach dir breite ich aus meine Hände.
Willst du Wunder tun an den Toten? /
Stehn die Schatten auf und künden dein Lob?
Erzählt man im Grabe von deiner Huld, /
von deiner Treue im Totenreich?
Werden deine Wunder der Finsternis kund /
und dem Land der Vergessenheit deine Gnade?
Ich aber, Jahwe, ich rufe zu dir, /
am frühen Morgen kommt zu dir mein Gebet.
Warum, Jahwe, verstoßest du meine Seele, /
warum verbirgst du vor mir dein Angesicht?
Elend bin ich von Jugend auf und vom Tode bedroht, /
ich trug deine Schrecken und siechte hin.
Die Gluten deines Zornes gingen hinweg über mich, /
vernichtet haben mich deine Schrecken.

Gottesdienst 8

Sie umringen mich immerfort wie flutende Wasser, /
allzusammen bedrängen sie mich.
Entfremdet hast du mir den Freund und Vertrauten, /
und nur das Dunkel ist mir vertraut.
Psalm 88

Nach dieser Phase kommen alle wieder zusammen. Es kann sich ein Gespräch anschließen, in dem die Teilnehmer/innen erzählen, weshalb sie ihr Psalm angesprochen hat und was sie mit ihm verbinden.
Möglich ist es auch, die Teilnehmer/innen aufzufordern, einen ganz eigenen Psalm zu schreiben. Dazu muss genügend Zeit gelassen werden.

6. Fürbitten

An der Stelle der Fürbitten dürft ihr nun jeweils einen besonders eindrücklichen Vers aus eurem Psalm nochmals laut vorlesen.

Gott, in dieser Abendstunde sagen wir dir, was uns bewegt: …

Die Gottesdienstteilnehmer/innen lesen nun jeweils einen Psalmvers vor. Es kann an geeigneter Stelle dazwischen jeweils ein Fürbittruf gesprochen oder gesungen werden (z.B. »Herr, erbarme dich«).

7. Vaterunser

Wir dürfen mit all unseren Sorgen zu Gott, unserem Vater, kommen.
Zu ihm beten wir gemeinsam:
Vater unser im Himmel …

8. Gebet

ich lasse mich los
in deine Hand
du treuer und sorgender Gott
ich lasse mich los
mit meinen Fragen und Zweifeln
mit meinen Sorgen und Mühen
weil du mich hältst
leicht werde ich
leicht wie eine Feder im Wind
getragen
behütet
geliebt
ich danke dir Gott
ich danke dir
amen

9. Segen

Wir bitten zum Abschluss um den Segen Gottes für unser Leben und für alle, die uns am Herzen liegen.

Guter Gott,
segne uns,
halte uns,
beschütze uns,
erfülle uns,
liebe uns,
lass uns geborgen sein in dir
und gib uns Frieden.

Das schenke uns der gute und treue Gott,
der Vater und der Sohn und der Heilige Geist.
Amen.

Durchs Wasser gehen

Gottesdienstidee

Im Gottesdienst soll mithilfe eines Bildes von Sr. Sigmunda May ein Gespräch über die Exodus-Erfahrung des Volkes Israel entstehen. Beim Durchzug durchs Rote Meer hat es erlebt, dass Gott mitten in ausweglosen Situationen immer noch einen Weg weiß. Die Teilnehmer/innen können diese Erzählung auf eigene Erfahrungen übertragen, bei denen sie »durchs Wasser gehen« mussten.

Gottesdienstverlauf

Der Gottesdienst beginnt mit einem Tagesrückblick. Dann schauen die Teilnehmer/innen das Bild des Durchzugs durchs Rote Meer von Sr. Sigmunda May an und geben dem Bild einen Titel.
Das Evangelium vom Exodus wird vorgelesen. Es folgt ein Austausch, bei dem Bild und Bibelstelle zueinander in Bezug gesetzt werden. Eine kurze Meditation, die einige Gedanken zur Bibelstelle aufgreift, rundet diese Phase ab.
Dann kommen die Gottesdienstteilnehmer/innen bei einem liturgischen Tanz selbst in Bewegung.
Den Schluss des Gottesdienstes bilden Psalm, Schlussimpuls und ein Segensgebet.

Material:

- Bild »Durchzug« von Sr. M. Sigmunda May OSF (Abbildung s.u.)
- Eine gestaltete Mitte, um die man tanzen kann
- CD-Player, meditative Musik und Musik für den liturgischen Tanz
- Psalmtext (Gotteslob)
- Evtl. Liederbücher und Gitarre

Liedvorschläge:

- Du hast mein Klagen in Tanzen verwandelt (EH 81)
- Go down, Moses (EH 107, TR 1007)
- einmal – dann (ZF 5)

1. Eröffnung und Einführung

Wir wollen im Namen dessen anfangen, der uns unser Leben gegeben hat: Im Namen des Vaters und des Sohnes und des Heiligen Geistes. Amen.

Ich begrüße euch sehr herzlich zu diesem Abendgottesdienst. Ein Tag liegt hinter uns. Diesen Tag dürfen wir jetzt Gott bringen, genau so, wie er gewesen ist. Wer mag, darf die Augen schließen, wenn wir jetzt nochmals unsere Gedanken zurückwandern lassen, um unseren Tag anzuschauen.

2. Meditation

Zur langsam vorgetragenen Meditation kann leise Musik laufen.

Das war er also, dieser Tag.
Ein Tag mit schönen Seiten und ein Tag mit Mühe.
Viele Schritte bin ich gegangen.
Viele Worte habe ich gesprochen.
Viele Menschen habe ich gesehen.
Nun bin ich müde und erschöpft.

Was war gut an diesem Tag?
Was hat mich aufgebaut? Was hat mir Mut gemacht?
Was hat mein Herz gewärmt?
Wo habe ich in Begegnungen ein Stück von dir erfahren, Gott?

Und wo war es mühsam, traurig, vergeblich?
Wo wurde ich enttäuscht, wo habe ich aufgegeben?
Wo bin ich an meine Grenzen gestoßen,
wo habe ich es falsch angepackt?

Gott, jetzt ist es Abend, und du bist da.
Du nimmst diesen Tag in deine Hände.
Du nimmst mich in deine Hände.
Du nimmst mir ab, was mir heute nicht gelungen ist.
Du machst gut,
was ich nicht gut machen kann.
Du weißt um meine Sorgen und du trägst sie mit mir.

Und jetzt, jetzt lädst du mich ein in deine Gemeinschaft,
dass wir das Leben feiern,
das du uns schenkst.
Ich danke dir dafür.

3. Bildbetrachtung

Folgende Gedanken werden als Anregung zur Bildbetrachtung vorgelesen:

Wir sehen ein Bild von Schwester Sigmunda May. Schauen wir es uns in Ruhe an. Was sehen wir? Was fällt uns auf? Was berührt uns an diesem Bild?
– Pause –
Welchen Titel würden wir diesem Bild geben?
– Pause –
Alle sind nun eingeladen, den Titel zu nennen, den sie dem Bild geben würden.

Es folgt eine Runde, in der jede/r den ausgedachten Bildtitel nennt. Dann wird verraten, dass das Bild den Titel »Durchzug« trägt.

4. Bibeltext: Ex 14,15–22

Schwester Sigmunda May hat auf ihrem Bild den Durchzug des Volkes Israel durchs Rote Meer dargestellt. Wir hören nun, wie im Buch Exodus davon erzählt wird.

[15]Jahwe sprach zu Mose: »Warum schreist du zu mir? Befiehl den Israeliten aufzubrechen. [16]Du aber erhebe deinen Stab und strecke deine Hand über das Meer aus und spalte es! Die Israeliten sollen mitten durch das Meer auf trockenem Boden gehen können. [17]Ich aber werde das Herz des Pharao verhärten, sodass er ihnen nachrücken wird. Ich will dann meine Macht an dem Pharao und an seinem ganzen Heer, an seinen Wagen und Reitern beweisen. [18]Die Ägypter sollen erfahren, dass ich Jahwe bin, wenn ich meine Macht an dem Pharao, an seinen Wagen und Reitern beweise.«

[19]Da veränderte der Engel Gottes, der dem Heer der Israeliten vorauszog, seinen Platz und trat hinter sie. Auch die Wolkensäule vor ihnen wechselte ihren Platz und trat hinter sie, [20]sodass sie zwischen das Heer der Ägypter und das Lager der Israeliten zu stehen kam. Die Wolke blieb dunkel, und die Nacht verstrich, ohne dass sich die Heere während der ganzen Nacht einander nähern konnten. [21]Nun streckte Mose seine Hand über das Meer aus. Jahwe ließ die ganze Nacht das Meer vor einem starken Ostwind zurückweichen und legte das Meer trocken. Die Wasser spalteten sich, [22]und die Israeliten zogen auf trockenem Boden mitten durch das Meer, während die Wasser rechts und links wie eine Mauer standen.

5. Austausch

Es folgt ein Austausch, bei dem Bild und Bibelstelle zueinander in Beziehung gesetzt werden. Dabei ist es wichtig, die Grunderfahrung des Volkes Israel auf unsere heutige Situation zu übertragen. Folgende Fragen können dabei helfen:

- Welcher Moment der Bibelstelle ist auf dem Bild dargestellt?
- Was fügt das Bild hinzu, was lässt es weg?
- Wie mag den Israeliten zumute gewesen sein? Kennen auch wir Situationen, in denen uns »das Wasser bis zum Hals steht«?
- Was erzählt die Geschichte über Gott?
- Kennen wir Erfahrungen mit Gott, die ähnlich sind?

Beim Gespräch können alle Teilnehmer/innen ihre Gedanken frei äußern. Möglicherweise können Details des Bildes die Erzählung der Bibel vertiefen. Als Abschluss des Gesprächs wird ein meditativer Text zum Thema vorgelesen.

6. Meditativer Text

Wolke und Finsternis,
Blitze der Nacht,
Grauen und Angst,
tosende Wasser.

Wie heißt meine Flut,
die mich hinwegfegen will?
Wie heißt mein Feind,
der mir nachsetzt,
der mir im Rücken sitzt,
der mich bedrängt?
Jedoch, Gott sagt:
Da ist ein Weg für dich.
Mitten durch die Wasser.
Mitten durch die Fluten.
Ein trockener Weg.
Sicherer Boden.
Ich banne die Gefahr.
Ich bin zwischen dir und dem Feind.

So kann ich gehen
mitten durch das Chaos,
mitten durch die Gefahr
und weiß,
ich komme an,
weil Gott mich schützt.

7. Liturgischer Tanz

Damit die Teilnehmer/innen selbst in Bewegung kommen, schließt sich an dieser Stelle ein liturgischer Tanz an.

Vorschlag

Zu einer langsamen Musik im 4/4-Takt (z.B. Pachelbel-Kanon, Air ...) kann im Kreis folgender Tanzschritt gegangen werden:
(rechts beginnend) rück – rück – Wiegeschritt (durch Gewichtsverlagerung vor auf rechts und wieder rück auf links) – (rechts beginnend) vor – vor – rechts seit – links anstellen.
Diese Figur wird fortlaufend wiederholt. Dabei halten sich alle an den Händen und blicken in die Kreismitte. Die Arme können beim Wiegeschritt mitgeschwungen werden.
Das Vor und Zurück der Schritte kann das Zögern und Innehalten beim Durchschreiten des Meeres symbolisieren. Altes muss losgelassen werden, Neues wird vorsichtig ausprobiert.
Natürlich kann auch jeder andere liturgische Tanz an dieser Stelle getanzt werden.

8. Psalmgebet

Psalm 104 (Gotteslob Nr. 743)

Der Psalm wird im Wechsel gemeinsam gebetet.

9. Schlussimpuls

Die Chance der Bärenraupe, über die Straße zu kommen

Keine Chance. Sechs Meter Asphalt.
Zwanzig Autos in der Minute.
Fünf Laster. Ein Schlepper. Ein Pferdefuhrwerk.

Die Bärenraupe weiß nichts von Autos.
Sie weiß nicht, wie breit der Asphalt ist.
Weiß nichts von Fußgängern, Radfahrern, Mopeds.

Die Bärenraupe weiß nur, dass jenseits Grün wächst.
Herrliches Grün, vermutlich fressbar.
Sie hat Lust auf Grün. Man müsste hinüber.

Keine Chance. Sechs Meter Asphalt.
Sie geht los. Geht los auf Stummelfüßen.
Zwanzig Autos in der Minute.

Geht los ohne Hast. Ohne Furcht. Ohne Taktik.
Fünf Laster. Ein Schlepper. Ein Pferdefuhrwerk.
Geht los und geht und geht und geht und kommt an.

Rudolf Otto Wiemer

Im Anschluss an den Text wird eine kurze Zeit der Stille gelassen, um die Geschichte nachwirken zu lassen.

10. Segensgebet

Führe uns, Gott,
wenn die Flut über uns kommt,
und berge uns,
wenn die Angst wächst,
und schenke Hoffnung,
wenn der Mut uns verlässt,
damit wir sicher geleitet sind
durch alle Tage unseres Lebens.

Und so segne uns Gott,
der Vater und der Sohn und der Heilige Geist.
Amen.

Adlerflügel

Gottesdienstidee

Der Gottesdienst versucht, mit dem Bild der Adlerflügel Assoziationen zu wecken. Zum einen erinnert uns das Bild an Freiheit, an Weite, an das Davonfliegen aus allen Zwängen und Belastungen, in denen wir stehen. Zum anderen kann das Fliegen auch Angst machen, weil wir ins Bodenlose fallen können. Hier zeigt uns die Bibel das Bild von Gott auf, der uns auf Adlerschwingen trägt, wenn wir unsicher werden.
Im Schreibgespräch soll diese Thematik im freien Dialog entfaltet und entwickelt werden. Daraus kann die Lust entstehen, im Vertrauen auf Gottes Schutz eine neue Weite für das eigene Leben zu suchen und zu entdecken.

Gottesdienstverlauf

Nach der Eröffnung und Begrüßung wird das Lied »Über den Wolken« von Reinhard Mey gesungen. Es stellt einen etwas ungewöhnlichen Einstieg in das Thema »Adlerflügel« dar. Dies wird in einer Hinführung erklärt. In einem Gebet wird es den Teilnehmer/innen ermöglicht, den zurückliegenden Tag noch einmal unter dem Aspekt des Fliegens zu bedenken. Es folgen drei Textimpulse zum Thema, einer davon ist aus dem Buch Deuteronomium. In einer Stille mit Musik können die Texte nachklingen. Die Vertiefung und der Austausch erfolgt in einem Schreibgespräch. Die Fürbitten können nochmals Gedanken aus dem Schreibgespräch aufnehmen. Das Vaterunser wird gemeinsam gebetet, anschließend der Friedensgruß ausgetauscht. Den Schluss des Gottesdienstes bilden ein Gebet und der Segen.

Material:

- Lied »Über den Wolken« von Reinhard Mey, z.B. in Liederbuch 5. Liederkorb, Schott Verlag, Mainz 1986
- Gitarre
- CD-Player und meditative Musik
- Plakat(e) mit Adlermotiv und Stifte für das Schreibgespräch
- Evtl. Liederbücher

Liedvorschläge

- Der Himmel geht über allen auf (UW 39, EH 113, TR 785)
- Durch das Dunkel hindurch (EH 112, TR 700)
- singt gott (ZF 23)
- Wäre Gesanges voll unser Mund (EH 263, ZF 45)
- Wenn einer alleine träumt (EH 156, TR 673)
- Wo Menschen sich vergessen (EH 162, TR 790)

1. Eröffnung und Begrüßung

Stellen wir uns am Beginn dieses Gottesdienstes bewusst in die Gegenwart Gottes. Beginnen wir im Namen des Vaters und des Sohnes und des Heiligen Geistes. Amen.

Ich begrüße euch sehr herzlich und freue mich, dass wir zusammengekommen sind heute Abend, zusammengekommen aus verschiedenen Richtungen, aus verschiedenen Tagesabläufen, aus verschiedenen Stimmungen, die uns heute begleitet haben. Zu Beginn wollen wir ein Lied singen, das die meisten sicherlich kennen und das doch für einen Gottesdienst eher ungewöhnlich ist, das Lied »Über den Wolken« von Reinhard Mey.

2. Lied: Über den Wolken

Das Lied wird gemeinsam – wenn möglich mit Gitarrenbegleitung – gesungen.

3. Hinführung zum Thema

Das Lied handelt vom Fliegen und von der Freiheit, die daraus erwächst. Einmal dem Himmel ganz nahe sein und aus seiner Perspektive auf die Erde schauen, einmal einen ganz anderen Blickwinkel haben und die täglichen Sorgen nicht mehr so wichtig nehmen, einmal frei sein von allen Zwängen … das haben sich Menschen aller Zeiten immer wieder gewünscht.

Heute erheben wir uns in die Lüfte mithilfe eines Flugzeugs. Die Menschen der Bibel konnten das nicht. Sie hatten ein anderes Bild für die grenzenlose Freiheit des Himmels: den Adler. Er ist der König der Lüfte. Er hat die Freiheit, die der Mensch sich wünscht.

Heute wollen wir uns von diesem Bild des Adlers locken lassen, unser Leben neu zu sehen. Wo sind wir gehemmt, unfrei, eingeklemmt zwischen so vielen Zwängen? Wo sehnen wir uns nach neuer Perspektive? Wo haben wir aber auch Angst davor, uns vom sicheren Boden zu lösen?

Bringen wir in einem Gebet unseren heutigen Tag und unsere Sehnsucht vor Gott.

4. Gebet

Flügel wünsche ich mir, Gott,
Flügel, um diesem langen Tag davonzufliegen,
Flügel, um alles hinter mir zu lassen.
Die Sorgen, die ich heute hatte.
Die Probleme, die mich gerade in Atem halten.
Die Menschen, denen ich nicht gerecht wurde.

Flügel wünsche ich mir, Gott,
um auszubrechen aus dem Alltäglichen,
aus dem Gewöhnlichen,
aus dem Immer-wieder-Gleichen,
das oft so unendlich mühsam ist.

Flügel wünsche ich mir, Gott,
um hinzufliegen zu dir,
um bei dir auszuruhen
für lange Zeit. Amen.

In Stille soll Zeit sein, den Tag nochmals zu bedenken. Musik kann helfen, ruhig dabei zu werden.

5. Impulstexte

Wir wollen nun drei Texte hören. Sie können uns anrühren, jeder auf seine Weise. Wir hören sie in Ruhe und lassen sie jeweils in einer stillen Zeit nachklingen. Dabei können wir darauf achten, welche Impulse und Assoziationen uns spontan bewegen. Wir werden sie nachher in einem Schreibgespräch austauschen.

Drei Texte, darunter ein Bibeltext, werden von verschiedenen Personen langsam in die Stille hineingesprochen. Dazwischen werden jeweils ca. zwei Minuten Pause gelassen, um den Text nachklingen zu lassen.

Text 1:

Wer hat schon Flügel

Kopf und Kragen
riskieren
auf und davon
fliegen
über sieben Berge sehen
blaue Blumen
finden
vielleicht
irgendwo
aber

Anne Steinwart

Text 2:

Dtn 32,10–11

Er fand ihn in der Steppe,
in der Wüste, wo wildes Getier heult.
Er hüllte ihn ein, gab auf ihn acht
und hütete ihn wie seinen Augenstern,
wie der Adler, der sein Nest beschützt
und über seinen Jungen schwebt,
der seine Schwingen ausbreitet, ein Junges ergreift
und es flügelschlagend davonträgt.

Text 3:

auf dich zurückgefallen

gott
ich bin auf dich
zurückgekommen
als ich sprachlos wurde
gott
ich bin auf dich
zurückgekommen

als sie mir sagten
da ist keine rettung mehr
gott
ich bin auf dich
zurückgefallen
als die düsen
aussetzten
als das triebwerk
aussetzte
als mein herz
aussetzte
als kein gleitflug
mehr möglich war
als kein fallschirm
mehr aufging
als alles aus war
da bin ich
auf dich
zurückgefallen
gott
wohin
sollte ich sonst
fallen
auf dich
oder
ins nichts
denn niemand war da
der mich auffing
Wilhelm Willms

In einer von Musik begleiteten Stille kann jede/r noch einmal überlegen, welche Worte oder Sätze sie/ihn besonders angesprochen haben.

6. Schreibgespräch

Auf einem vorbereiteten Plakat, auf das ein Adler gemalt oder kopiert sein kann und das die Überschrift »Adlerflügel« trägt, können nun die Gottesdienstteilnehmer/innen ihre Gedanken, Fragen, Assoziationen zu den Texten aufschreiben. Dies geschieht schweigend, im Hintergrund läuft leise Musik. Wenn es viele Teilnehmer/innen gibt, können auch mehrere Plakate ausgeteilt werden.
Wenn die Methode des Schreibgesprächs noch nicht bekannt ist oder die Teilnehmer/innen Schwierigkeiten haben, freie Assoziationen aufzuschreiben, kann man in die vier Ecken des Plakats folgende Fragen als Anregung notieren:

- Was fasziniert mich am Bild des Adlers?
- In welchen Situationen habe ich schon das Gefühl absoluter Freiheit erlebt?
- Welche Situationen und Gedanken hindern mich daran, mich frei und unbeschwert zu fühlen? Wovor habe ich vielleicht Angst?
- Wohin möchte Gott mich/uns locken?

Wenn die Schreibphase zu Ende geht, können alle herumgehen und die Beiträge lesen.
Dann versammeln sie sich wieder auf ihren Plätzen.

7. Fürbitten

Wenn möglich, werden die Fürbitten frei formuliert. Ansonsten können folgende Fürbitten gebetet werden:

Gott, der du uns auf Adlerflügeln trägst, wir vertrauen dir unser ganzes Leben an und beten zu dir:

- Um Ausschau nach oben, um immer neue Blickwinkel auf die Erde und auf unser Leben bitten wir dich.
- Um Freiheit mitten in unseren Zwängen, um das Loslassen von allen falschen Sicherheiten bitten wir dich.
- Um deinen Schutz und Segen für alle, die ins Bodenlose fallen, bitten wir dich.
- Um Hilfe und Begleitung für alle Menschen, die uns besonders am Herzen liegen, bitten wir dich.

Gott, führe du uns immer wieder in deine Weite und Freiheit, der du uns Leben und Liebe schenkst ohne Maß, heute und an jedem Tag. Amen.

Zwischen den einzelnen Fürbitten kann ein Liedvers gesungen werden, z.B. ein Kyrie-Vers.

8. Vaterunser

Alle fassen sich an den Händen.

Wir sind miteinander verbunden durch unsere Hände. Aber uns verbindet mehr. Uns verbindet die Hoffnung auf einen Gott, der unser Leben über unsere eigenen Möglichkeiten hinausführen kann. Zu diesem guten Gott beten wir:
Vater unser im Himmel …

9. Friedensgruß

Überall in unserer Welt gibt es Menschen, die geknechtet werden, die an einem Leben in Freiheit und Würde gehindert sind. Solange das der Fall ist, kann es keinen Frieden geben auf Erden.

Deshalb wollen wir nicht aufhören zu beten, dass Gottes Friede zu uns kommt, durch unsere eigenen Anstrengungen und durch Gottes Hilfe.

Herr Jesus Christus, du siehst unser Versagen, wenn es darum geht, Frieden mit uns selbst und mit anderen zu schließen. Nimm alles hinweg, was uns von dir trennt, und schenke uns, deiner Kirche und allen Menschen und Völkern deinen Frieden.

Dieser Friede Gottes komme in unsere Herzen und Häuser und verbleibe bei uns allezeit. Geben wir uns die Hand als Zeichen dieses Friedens.

10. Gebet und Segen

Mich loslassen
und in dein Herz fallen
Vertrauen
und mein Leben auf dich setzen
Auf Jesus schauen
und mich nach ihm richten
Ins Dunkle gehen
und mit Dir rechnen
Das will ich
mein Gott und alles
Anton Rotzetter

Dazu segne uns Gott,
der Vater, der Sohn und der Heilige Geist.
Amen.

GOTTESDIENST 11

One of us

Gottesdienstidee

Das Lied »One of us« der Sängerin Joan Osborne ist in seinem Text eindrücklich. Viele religiöse Fragen werden in ihm gestellt. Alle Fragen wollen ermitteln, wer Gott ist, wer er für uns ganz persönlich sein kann und welche Verbindung wir zu ihm wünschen.
Die Auseinandersetzung mit den Fragen des Liedes soll hellhörig machen für die Erzählung von der Begegnung des Mose mit Gott am Dornbusch. In diesem Geschehen macht sich Gott den Menschen erfahrbar, indem er seinen Namen preisgibt, den er für alle Zeiten hat: »Ich bin da«. Gott ist der, der den Menschen in jeder Lebenssituation nahe sein möchte. Er bietet seine Beziehung an und fragt uns, ob wir in sie einwilligen.

Gottesdienstverlauf

Nach der Eröffnung und Hinführung wird ein Gebet gesprochen, das in die Ruhe führen soll. Dann wird das Lied »One of us« von Joan Osborne angehört. Der Liedtext wird auf Deutsch vorgelesen und auch ausgeteilt, damit die Teilnehmer/innen beim zweiten Hören des Liedes mitlesen können.
In einer ruhigen Phase verteilen sich alle in der Kirche und überlegen dann, welche Antworten sie auf die existenziellen Fragen, die das Lied stellt, geben würden. Dies dauert einige Zeit. Anschließend erfolgt ein Austausch darüber, der sehr sensibel angeleitet werden muss.
Dann wird der Schrifttext über die Begegnung des Mose mit Gott am Dornbusch vorgelesen. Einige vorgetragene Gedanken sollen den Zusammenhang zwischen dem Lied und dem Bibeltext aufzeigen.
Der Gottesdienst endet mit einem Schlussimpuls. Zum Segen schreiben alle einen Segenswunsch auf Zettel oder Kärtchen. Diese werden dann einander weitergegeben.

Material

- CD-Player und meditative Musik
- Song »One of us« von Joan Osborne (von: E. Brazilian, 1995 PolyGram Records, Inc.; enthalten z.B. auch auf der CD »Menschen – Leben – Träume. Die CD«, Verlag Herder, Freiburg 2001)
- Kopien einer Textübertragung für alle
- Stifte
- Kärtchen oder Zettel für die Segenswünsche
- Evtl. Liederbücher und Gitarre

Liedvorschläge

- Du bist da, wo Menschen leben (EH 74)
- Herr, bleibe bei uns (ZF 132, TR 460)
- Ich bin der Ich-bin-da (EH 115, TR 41)

1. Eröffnung und Hinführung

Herzlich willkommen zu unserem heutigen Gottesdienst! Es ist gut, dass wir an diesem Abend zusammenkommen, um zu beten und zu feiern.

Beginnen wir im Namen dessen, der uns ganz nahe ist, der uns in Jesus Christus buchstäblich auf den Leib gerückt ist: im Namen Gottes des Vaters und des Sohnes und des Heiligen Geistes. Amen.

Beziehungen sind lebensnotwendig für uns. Vielleicht spüren wir, dass sie das letztlich Wichtigste in unserem Leben sind. Wenn wir Menschen haben, die uns verstehen, die uns Halt und Geborgenheit vermitteln, dann sind wir glücklich.

Doch es gibt nicht nur die Beziehung zu anderen Menschen. Es gibt auch die Beziehung zu Gott. Wie alle Beziehungen muss sie gepflegt werden. Und vielleicht merken wir, dass wir gerade diese Beziehung oft »schleifen« lassen.

Heute fragt uns Gott ganz persönlich, wer er für uns sein darf. Er möchte eine Rolle in unserem Leben spielen. Und mehr noch: Er möchte uns anbieten, in seiner Gegenwart zu leben.

Werden wir zu Anfang dieses Gottesdienstes innerlich still und machen wir Platz, dass Gott in unsere Mitte kommen kann.

Es folgt eine kurze Stille. Dann wird das nachfolgende Gebet gesprochen.

2. Gebet

Gott,
ich komme,
um bei dir still zu werden.
Ein Teil von mir sitzt hier und betet,
ein anderer Teil plant für den morgigen Tag.

Beten macht mir Mühe,
Stille halten fällt mir schwer.

Herr, hier bin ich.
Nimm mir meine Hast und Unruhe.
Ich atme deine Stille in mich hinein.

Gott,
hörst du mich?
Erhörst du mich?

Du hörst
Leises und Lautes.

Du hörst mir zu.
Ich höre dir zu.
nach Manfred Frigger

3. Lied »One of us«

Das Lied »One of us« der Sängerin Joan Osborne (Quelle s.o.) wird angehört. Ein Textblatt mit dem deutschen Text wird verteilt und vorgelesen. Dann wird das Lied nochmals vorgespielt.

One of us
Wenn Gott einen Namen hätte,
wie würde er lauten?
Und würdest du ihn
mit seinem Namen ansprechen,
wenn du ihn in all seiner Herrlichkeit
von Angesicht zu Angesicht
sehen würdest?
Was würdest du ihn fragen,
wenn du nur eine Frage stellen könntest?

Refrain:
Es ist echt so, Gott ist groß!
Wirklich wahr: Gott ist gut!
Ja, ja und nochmals ja!
Was wäre, wenn Gott
einer von uns ist?
Genauso eine »alte Haut«
wie einer von uns?
Oder wie ein Fremder
im Bus, der versucht,
seinen Weg nach Hause zu finden.

Wenn Gott ein Gesicht hätte,
wie würde es aussehen?
wenn Sehen bedeuten würde,
dass du an solche Sachen
wie an den Himmel, an Jesus,
an die Heiligen
und an alle Propheten glauben müsstest?

Gottesdienst 11

Refrain:
Es ist echt so …

… einer, der versucht,
seinen Weg nach Hause zu finden.
wie ein heiliger »rollender Stein«,
zurück in den Himmel – ganz allein,
niemand ruft ihn an,
außer vielleicht der Papst in Rom.

Alle können sich nun im Kirchenraum verteilen. Jeder bekommt einen Stift und kann auf dem Textblatt aufschreiben, was er/sie auf die im Lied gestellten Fragen antworten würde. Da die Fragen sehr tief gehen, wird für diesen Schritt einige Zeit benötigt.

4. Gesprächsrunde

Alle kommen wieder zusammen. Der Austausch über das, was das Lied bei den Einzelnen angestoßen hat, muss bei diesem persönlichen Thema sehr feinfühlig angeleitet werden. Jedoch ist es bereichernd, einige der Antwortversuche einander mitzuteilen.
Folgende Fragen können hilfreich sein:

- Welchen Namen würde ich Gott geben?
  Was drückt dieser Name für mich aus?
- Welche Frage möchte ich Gott stellen,
  welches ist meine allerwichtigste Lebensfrage?
- Stelle ich Gott manchmal diese Frage?
  Hat er je Antwort gegeben in irgendeiner Weise?
- Was löst der Satz bei mir aus: »God is one of us« –
  »Gott ist einer von uns«? Glaube ich das? Will ich das?
  Warum? Warum nicht?
- Rechne ich damit, dass ich Gott begegne?

5. Bibeltext: Ex 3,1–15

Menschen aller Zeiten haben sich immer wieder gefragt, wer Gott ist. Sie haben sich unterschiedliche Bilder und Vorstellungen von Gott gemacht. Manchmal im Laufe der Geschichte hat Gott sich in besonderer Weise gezeigt. Er hat preisgegeben, wer er für die Menschen sein will. Eine solche Erfahrung hat Mose am Dornbusch gemacht. Zuvor ist er lange in der Wüste umhergewandert. Vielleicht muss man lange allein sein, bevor Gott einem in solcher Weise begegnen kann.

Wir hören nun die Schriftstelle aus dem Buch Exodus, die von der Begegnung des Mose mit Gott erzählt.

Die Stelle aus Exodus wird vorgelesen. Da der Text sehr lang ist, kann er auch in Abschnitte aufgeteilt und von verschiedenen Personen gelesen werden.

1Mose hütete die Schafe seines Schwiegervaters Jitro, des Priesters von
Midian. Einmal trieb er die Schafe über die Steppe hinaus und kam zum
Berge Gottes, zum Horeb. 2Da erschien ihm der Engel Jahwes inmitten
einer Feuerflamme, die aus einem Dornbusch aufloderte. Als er hinsah,
nahm er wahr, dass der Dornbusch wohl brannte, aber (vom Feuer) nicht
verzehrt wurde. 3Da dachte Mose: »Ich will doch hingehen und dieses
seltsame Schauspiel betrachten, warum der Dornbusch nicht verbrennt.«
4Als Jahwe sah, dass er herantrat, um nachzusehen, rief Gott ihm aus
dem Dornbusch zu: »Mose, Mose!« Dieser antwortete: »Hier bin ich!«
5Da sprach er: »Tritt nicht näher heran! Ziehe deine Schuhe von deinen
Füßen, denn der Ort, auf dem du stehst, ist heiliger Boden!« 6Und er
fuhr fort: »Ich bin der Gott deines Vaters, der Gott Abrahams, der Gott
Isaaks und der Gott Jakobs.« Da verhüllte Mose sein Angesicht; denn er
scheute sich, zu Gott aufzuschauen.

7Und Jahwe sprach: »Ich habe das Elend meines Volkes, das in Ägyp-
ten ist, gesehen und habe sein Wehklagen über ihre Bedränger gehört.
Ja, ich weiß um seine Leiden. 8Darum bin ich nun herabgestiegen, um es
aus der Gewalt der Ägypter zu befreien und es aus diesem Land heraus-
zuführen in ein schönes und geräumiges Land, in ein Land, das von
Milch und Honig fließt, in das Gebiet der Kanaaniter, Hetiter, Amori-
ter, Perisiter, Hiwiter und Jebusiter. 9Fürwahr, nun ist das Wehklagen der

Israeliten zu mir gedrungen, und ich habe auch die Bedrängnis gesehen,
mit der die Ägypter sie quälen. 10So gehe nun! Ich will dich zu dem Pha-
rao senden. Führe mein Volk, die Israeliten, aus Ägypten heraus!«
11Mose aber sprach zu Gott: »Wer bin ich, dass ich zu dem Pharao
gehe und die Israeliten aus Ägypten herausführe?« 12Er erwiderte: »Ich
werde mit dir sein. Und dies soll dir als Zeichen dienen, dass ich es bin,
der dich sendet … Wenn du das Volk aus Ägypten herausgeführt hast,
werdet ihr Gott auf diesem Berg verehren.«
13Da sprach Mose zu Gott: »Wenn ich zu den Israeliten komme und
ihnen sage: ›Der Gott eurer Väter hat mich zu euch gesandt‹, und sie
mich dann fragen: ›Wie lautet sein Name?‹, was soll ich ihnen antwor-
ten?« 14Da sprach Gott zu Mose: »Ich bin der Ich-bin!« Und er fuhr fort:
»So sollst du zu den Israeliten sprechen: ›Der Ich-bin hat mich zu euch
gesandt.‹« 15Und weiter sagte Gott zu Mose: »So sollst du zu den Israeli-
ten sprechen: ›Jahwe, der Gott eurer Väter, der Gott Abrahams, der Gott
Isaaks und der Gott Jakobs, hat mich zu euch gesandt.‹ Dies ist mein
Name für alle künftige Zeit und dies meine Benennung von Geschlecht
zu Geschlecht.«

6. Gedanken

»Wie würden wir Gott nennen, wenn wir ihm einen Namen geben dürften?«, so haben wir uns vorhin gefragt. Und viele verschiedene Namen sind uns dabei eingefallen. Namen, die uns zeigen, wie wir zu Gott stehen, wer er für uns ist. Namen, die Vertrauen ausdrücken, vielleicht auch Namen, die Zweifel benennen.

Im Bibeltext sagt Gott uns, wie er sich selbst nennt. Dieser Name bezeichnet, wie er zu uns steht, wenn es nach ihm geht. »Ich bin für dich da«, sagt er heute zu mir. Er lädt mich ein, die Beziehung zu ihm auf dieses Versprechen zu gründen.

7. Schlussimpuls

auf deine Nähe hoffen
wenn Freude mich durchflutet
wenn Liebe mein Herz voll macht
wenn ich Fülle spüre

auf deine Nähe hoffen
wenn ich mich selbst nicht kenne
wenn Leben schief läuft
wenn ich traurig bin

auf deine Nähe hoffen
selbst dann noch
wenn du mir fremd bist
wenn ich zweifle
und nicht weiß
wer du für mich bist

auf deine Nähe hoffen
weil du gesagt hast
ich bin immer für dich da

8. Segen zum Austeilen

Aus einem Körbchen erhält jede/r einen Zettel und einen Stift. Er/sie schreibt einen Segenswunsch für die kommende Woche auf den Zettel. Die Zettel werden eingesammelt, dann darf sich jede/r einen neuen blind ziehen. So erhalten alle einen Segenswunsch, den sie mit nach Hause nehmen können.

Mögen die Wünsche, die wir uns gegenseitig mit auf den Weg geben, in Gottes Ohr sein.

In diesem Sinne segne uns der gute und der nahe Gott, der Vater und der Sohn und der Heilige Geist. Amen.

Gottesdienst 11

GOTTESDIENST 12

Steh auf vom Tod

Gottesdienstidee

Ausgehend von der Erzählung der Auferweckung des toten Mannes von Naïn sollen sich die Teilnehmer/innen Gedanken machen über eigene Erfahrungen des »Totseins«: der Lähmung, der inneren Resignation, der Hoffnungslosigkeit ... In dieses Lebensgefühl hinein spricht Jesus: »Steh auf!« Er möchte, dass neues Leben in uns zurückkehrt.
Dieser Gottesdienst eignet sich gut für den Monat November, in dem die Feste Allerheiligen und Allerseelen begangen werden. Er kann aber auch sonst im Jahreskreis seinen Platz finden.

Gottesdienstverlauf

Im ersten Teil des Gottesdienstes werden die Teilnehmer/innen zu einer Geh-Meditation eingeladen, bei der sie den vergangenen Tag Revue passieren lassen können.
Dann sucht sich jede/r einen Platz im Kirchenraum. Ein Gebet, das Evangelium von der Auferstehung des toten Mannes von Naïn und eine Meditation zur eigenen Erschließung des Themas (mit Musik untermalt) werden – möglichst über ein Mikrofon – in den Kirchenraum hineingesprochen.
Nach dieser ruhigen Phase kommen alle auf ihre Plätze zurück. Nun versucht jede/r, einen Tagebucheintrag des jungen Mannes von Naïn zu schreiben, in dem dieser erzählt, wie es ihm bei der Rückkehr ins Leben ergangen ist. Diese Tagebucheinträge können anschließend vorgelesen werden. Es folgt das Vaterunser. Ein Schlussimpuls und ein Segensgebet schließen sich an.

Material

- CD-Player und meditative Musik
- Zettel und Stifte
- Evtl. Liederbücher und Gitarre

Liedvorschläge

- Die Steppe wird blühen (EH 292)
- Manchmal feiern wir mitten im Tag (UW 30, EH 146, TR 91)
- Steht auf vom Tod (EH 149, TR 205)
- über leben (ZF 104)

1. Begrüßung und Eröffnung

Wieder ist ein Tag vorbei. Wir haben gelebt, vielleicht ohne viel darüber nachzudenken. Heute Abend, in diesem Gottesdienst, haben wir Zeit, unser Leben in den Blick zu nehmen. Dazu begrüße ich euch sehr herzlich! Zunächst wollen wir Gott bewusst in unserer Mitte begrüßen durch das Zeichen seines Sohnes, das Zeichen des Kreuzes, unter das wir uns stellen, im Namen des Vaters und des Sohnes und des Heiligen Geistes. Amen.

2. Geh-Meditation

Ihr seid nun eingeladen, langsam und bedächtig durch die Kirche zu gehen. Die ruhige Musik soll euch einstimmen auf die Impulse, die ihr gleich hören werdet.

Es wird meditative Musik gespielt. Alle gehen durch die Kirche. Die Impulse werden – mit langen Pausen dazwischen – durch ein Mikrofon gesprochen.

Impulse

- Wir gehen zunächst ganz langsam, müde vom Tag. Wir überlegen: Was haben wir heute alles erlebt?
- Jetzt richten wir uns auf, gehen heiter und beschwingt, so, als würde uns alles Schwere von den Schultern genommen.
- Wir gehen ganz hektisch, wie wenn wir noch viel zu erledigen hätten.
- Wir gehen langsam spazierend, begrüßen alle, die an uns vorbeigehen, mit Handschlag.
- Wir gehen gesammelt, jede/r für sich allein.
- Wir gehen so, wie es dem eigenen Leben gerade entspricht: aufrecht, gebeugt, heiter, ruhig, traurig …
- Wir suchen irgendwo einen Platz in der Kirche zum Sitzen oder Liegen, machen es uns gemütlich und schließen die Augen.

Jede/r sucht sich einen bequemen Platz in der Kirche. Man kann sitzen oder liegen. Die Musik wird ausgemacht.Das folgende Gebet wird über das Mikrofon laut in die Kirche hineingesprochen.

3. Gebet

Steh auf
ich will mit dir reden
spricht Gott

Aufstehen
aus dem tiefsten Dreck
aufstehen
aus meiner geduckten Haltung

Aufstehen
aus meiner Furcht
Verzweiflung
Geducktheit

Steh auf
ich will mit dir reden
spricht Gott

und dann reicht er mir
sogar noch
seine helfende Hand
zum Aufstehen
und wischt zärtlich
den Dreck von meinen Knien

Andrea Schwarz

4. Evangelium: Lk 7,11–17

Das Evangelium wird nach einer kurzen Stille ebenfalls über ein Mikrofon laut vorgelesen. Gut ist es, wenn nun jemand anderes liest.

[11]Und es begab sich, hierauf wandte Jesus sich in eine Stadt namens Naïn;
seine Jünger und viel Volk gingen mit ihm. [12]Als er sich aber dem Stadttor
näherte, da trug man einen Toten heraus, den einzigen Sohn seiner
Mutter, die Witwe war, und viele Leute aus der Stadt begleiteten sie. [13]Da
sie der Herr sah, ward er von Mitleid über sie bewegt und sprach zu ihr:
»Weine nicht!« [14]Dann trat er hinzu und berührte die Bahre; die Träger
aber standen still. Und er sprach: »Jüngling, ich sage dir: Steh auf!« [15]Da
richtete sich der Tote auf und begann zu reden. Und er gab ihn seiner
Mutter. [16]Schauder aber ergriff alle; sie lobten Gott und sprachen: »Ein
großer Prophet ist unter uns aufgestanden, und Gott hat sein Volk
heimgesucht.« [17]Und die Kunde von ihm verbreitete sich in ganz Judäa
und im ganzen Umkreis.

5. Meditation

Die Meditation wird (bei zwei Leser/innen wieder von Leser/in 1) laut in die Kirche hineingesprochen. Sie wird teilweise mit meditativer Musik untermalt. Die Musik wird schrittweise lauter gemacht.

Da erweckt Jesus einen Toten zum Leben – und dann verliert sich die Spur. Was ist geschehen mit diesem auferweckten toten jungen Mann aus Naïn? Wir wissen es nicht.

Aber der Tote könntest auch du sein. Nicht tot, weil das Herz nicht mehr schlägt, sondern tot, weil du dem Leben nicht mehr traust. Weil du dich vergräbst in deinen Ängsten und Sorgen, in deiner Trauer und Einsamkeit. Tot, weil du verletzt hast und verletzt worden bist. Tot, weil du nach Sinn fragst und ihn nicht finden kannst. Tot, weil du ohne Hoffnung bist. Oder tot, weil Gott so weit weg ist.

– Leise Musik wird angestellt –

»Steh auf!« Kannst du dir vorstellen, dass Jesus das zu dir sagt? »Steh auf! Bekomme wieder Leben in deine Füße! Bekomme wieder Schwung in deine Arme! Sauge Leben in dich ein!« Kannst du dir vorstellen, dass Gott das zu dir sagt, gerade jetzt, in diesem Augenblick?

– Musik wird langsam lauter gedreht –

Und wenn, was würdest du dann tun? Was würdest du tun, wenn er dich aufwecken würde aus deinem dumpfen tödlichen Leben, wenn er die Lebensgeister in dir erwecken würde, dass du wieder atmen kannst, dass du wieder lachen kannst, dass du wieder leben willst? Was würdest du tun?

Die Musik wird noch eine Weile gespielt, dann wird sie langsam ausgedreht. Alle kommen ohne Zeitdruck auf ihre Plätze zurück.

6. Tagebucheintrag verfassen

Was hat der junge Mann aus Naïn wohl gefühlt, als der Tod von ihm gewichen ist und er ins Leben zurückkehrte? In der Bibel steht viel darüber, was die umstehenden Leute nach der Auferweckung gedacht und gesagt haben. Über den jungen Mann und sein weiteres Leben wissen wir nichts.
Stellt euch deshalb vor, ihr schlüpft selbst in seine Haut. Und drei Tage nach der Auferweckung nehmt ihr ein Tagebuch zur Hand und schreibt Gedanken auf. Der junge Mann von Naïn kann in diesem Tagebuch erzählen, was ihn so tot gemacht hat. Und wie es war, mitten in diesem Tot-sein von Jesus angesprochen zu werden. Was an diesem Jesus war, dass er zu dieser toten Seele durchgedrungen ist, und wie das Leben wieder Platz bekommen hat in ihm. Und schließlich kann er uns sagen, wie so ein Leben nach dem Tod aussieht, was sich für ihn verändert hat durch das Erlebnis.

Alle bekommen Zettel und Stifte. Während meditative Musik läuft, schreibt jeder seine Gedanken auf.
Anschließend können solche Tagebucheinträge einander vorgelesen werden. Dies sollte freiwillig geschehen, da sie unter Umständen sehr persönlich sind. Dennoch ist es auch schön, einander die aufgeschriebenen Gedanken mitzuteilen.

7. Vaterunser

Zum Vaterunser können alle ihre Hände wie eine offene Schale vor sich halten.

Mit offenen Händen, Herzen und Ohren wollen wir nun das Gebet sprechen, das Jesus uns auf unseren Lebensweg mitgegeben hat:
Vater unser im Himmel ...

8. Schlussimpuls

Einen
Augenblick nur
trafen sich
unserer Augen Blicke.
Du musst gesehen haben
mein Licht,
schon fast erloschen,
gehört haben meinen
lautlosen Schrei.

Du gabst mir deine Hand:
Steh auf.
Und dein Licht entfachte
das schon fast erloschene,
und mein Schrei, der lautlose,
verstummte.
Danke.

Und
wenn ich
mein Licht
erlöschen sehe
und meinen Schrei
in meiner Kehle
wachsen höre,
dann denke ich
an unseren
Augenblick,
an deine
warme, starke Hand
und stehe auf.

Quelle unbekannt

9. Segensgebet

Jetzt gehen
und die befreiende Botschaft erzählen
denen, die
am Boden liegen,
denen, die
nicht mehr aufstehen können
und wissen,
einer hält meine Hand
und lässt sie nicht los,
nie mehr,
und richtet mich auf,
jeden Tag.
Mit diesem Segen
lasst uns nun gehen
im Frieden
des Vaters und des Sohnes
und des Geistes.
Amen.

Quellennachweis

S. 35 In deine Hände, Anton Rotzetter, aus: Gott, der mich atmen läßt, Verlag Herder, Freiburg 1994, 2. Auflage, S. 44

S. 47 Pfingstliche Meditation, nach einem Hymnus aus dem franz. Brevier, übersetzt von R. Zerfaß, 1982, in: elemente. Stundenbuch für junge Leute, © Bischöfliches Ordinariat, Bischöfliches Jugendamt, Würzburg 1991, S. 156.

S. 90 Durchzug, Sr. M. Sigmunda May OSF, 1982, Holzschnitt-Nr. 127. Rechte bei Kongregation der Franziskanerinnen von Sießen e.V.

S. 95 Die Chance der Bärenraupe, über die Straße zu kommen, Rudolf Otto Wiemer, aus: Ernstfall, Stuttgart, 1989, 3. Auflage, © Uta und Joachim Zimmermann, Hildesheim.

S. 101 Wer hat schon Flügel, Anne Steinwart, © Anne Steinwart, Steinheim-Westfalen

S. 101f auf dich zurückgefallen, Wilhelm Willms, aus: der geerdete himmel. wiederbelebungsversuche, Kevelaer 1986.

S. 105 Mich loslassen, Anton Rotzetter, aus: Gott, der mich atmen läßt, Verlag Herder, Freiburg 1994, 2. Auflage, S.170

S. 118 Steh auf, Andrea Schwarz, aus: Ich mag Gänseblümchen, Verlag Herder, Freiburg 2002, S. 83

Ideen und Modelle für eine lebendige Gruppenarbeit

Josef Griesbeck
55 meditative Impulse

Für Schule, Gottesdienst, Gemeinde

2002, 176 Seiten, Paperback – ISBN 3-451-27714-X

Meditationen, die vertraute Elemente und alltägliche Symbole aufgreifen und ins Bewusstsein rücken. Je fünf Impulse öffnen Geist und Sinne für Themen wie Aufwachen, Farben, Wandlung, Loslassen und vieles andere mehr. Sprachlich klar gefasste und übersichtlich strukturierte Einheiten vereinfachen das Anleiten. Ideal für Gruppen in Gottesdienst, Gemeinde und Schule.

Josef Griesbeck
Gemeinschaft leben

2001, 176 Seiten, Paperback – ISBN 3-451-27460-6

Wie kann das Zusammensein glücken? Der Autor hat dazu Ideen, Materialien, Methoden und Texte zusammengestellt, die in der Praxis erprobt sind.
Mit mehr als hundert verschiedenen Ansätzen zum Handeln, die zeigen, wie das Miteinander glücken kann. Ein wichtiges Hilfsmittel für alle, die in der Jugend- und Gemeindearbeit aktiv sind.

Werner Schaube (Hg.)
Aufbrechen

Bibel-Impulse für junge Menschen

2002, 128 Seiten, zweifarbig illustriert (duplex), Klappenbroschur, ISBN 3-451-27721-2

Eine Bibel-Kostprobe, so frisch und vitaminreich, dass viele auf den Geschmack kommen werden.
50 wichtige Stellen aus der Bibel hat Werner Schaube ausgewählt. Er erschließt sie auf die ihm eigene erfolgreiche Art. Den Schrifttexten stehen bezeichnende Texte der Gegenwart gegenüber: Zeitungsmeldungen, punktgenaue Zitate, Zeichnungen, Karikaturen, kurze Stücke aus der Literatur... Dabei wird deutlich: Die alten Texte sind zwar zeitbedingt in ihrer Entstehung, aber zeitlos in ihrer Botschaft. Sie haben jedem jungen Menschen auch heute etwas von der Liebe Gottes zum Leben zu sagen.